콜드콜

콜드콜 — 행운의 문을 여는 열쇠

1판 1쇄 발행 2018년 10월 26일

저자 이계준
발행처 더미디어그룹
주소 서울특별시 용산구 서빙고로75가길 34 101호
이메일 tmg@tmgthemediagroup.com
홈페이지 http://tmgthemediagroup.com
등록 2018년 3월 5일 제2018-000018호

ISBN 979-11-963493-0-1 03320

이 도서의 국립중앙도서관 출판예정도서목록(CIP)은 서지정보유통지원시스템 홈페이지(http://seoji.nl.go.kr)와 국가자료공동목록시스템(http://www.nl.go.kr/kolisnet)에서 이용하실 수 있습니다. (CIP 제어번호: CIP2018022344)

콜드콜
행운의 문을 여는 열쇠

이계준 지음

나의 가족 그리고 친구들,
이 책에 등장하는 모든 분들께 감사드립니다.

대부분의 이름은 사생활 보호를 위해 가명을 사용했습니다.

차례

011		프롤로그
019	제1부	데자뷔(deja vu)
021	1	건축학도의 선택
029	2	유학에 대한 막연한 동경
031	3	사회생활의 첫걸음을 내딛다
035	4	문전 박대
039	5	행운이라는 변수
041	제2부	삼진 아웃
043	1	화곡동 아파트 현장
057	2	꿈과 이상, 그러나 현실은
063	3	"주사위는 던져졌다."

차례

069	제3부	콜드콜(cold call)
071	1	크리스토(Christo) 부부
077	2	"웰컴 어보오드!(Welcome aboard!)"
083	3	헛되지 않았던 시간
087	4	블레이크(Blake)의 연설
095	5	결정적 전환점
105	6	블러핑 게임(bluffing game)
117	7	팀워크(teamwork)에 대한 교훈
123	8	위험한 자신감
139	9	이론보다 실제
145	10	결국 유학을 떠나다

차례

149	제4부	어퍼 웨스트 사이드(Upper West Side)
151	1	뉴욕, 뉴욕(New York, NY)
165	2	아무도 가지 않은 길
177	3	의도치 않은 리셋(reset)
183	4	고장난 나침반
203	5	나만의 기회를 만들다
215	6	선순환의 시작
235	제5부	양질전화(量質轉化)
237	1	아일랜드 모멘트(Island Moment)
241	2	2015년 1월 23일
251	3	캡틴 아메리카(Captain America)
253	4	특별한 인연

프롤로그

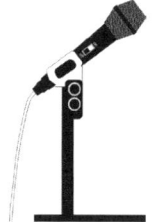

2015년 1월 23일

 평소 자주 신는 갈색 옥스퍼드(Oxford) 구두가 오늘따라 커다란 납덩이처럼 묵직하다. 가벼운 소재의 남색 정장을 입고 있지만 완전 군장을 한 듯 양어깨가 무겁다. 10킬로미터의 거리를 50분 이내에 완주하는 나의 근력과 심폐 지구력을 갖고 있다 자부해 왔건만, 지금 이 순간 천천히 내딛는 한 발자국 한 발자국에 무릎이 물렁물렁해지고 숨소리와 심장 박동 소리가 점점 크게 들려온다. 넥타이를 너무 조여 맨 것 아닌지 손이 계속 가고, 시야가 점점 희뿌옇게 흐려지는 것 같다.
 나는 무대를 향해 걸어가고 있다. 장내를 둘러보니 부산한 움직임이 감지된다. 다음 패널을 준비하기 위해 음향 설비를 황급히 정비하는 주최 측 직원들, 무대 계단을 내려오는 이전 패널 토론자들, 그들에게 박수를 보내는 수많은 청중들. 하지만 소리가 잘 들리지 않는다. 마치 갑작스런 폭발음에 일시적으로 청각을 잃은 것처럼. 나는 숨을 크게 내쉬고, 혼잣말을 반복하며 나 자신을 세뇌하려고 한다. 준비 많이 했으니 잘 해낼 수 있으리라고. 나는 실전에 더 강하다고.

2015년 1월 23일. 미국 캘리포니아주 해변. 광활한 태평양이 한 폭의 그림같이 내려다보이는 고급 리조트 몽타주 라구나 비치(Montage Laguna Beach) 호텔. 이곳 대강당에서「부동산 기회 및 사모 펀드 투자에 관한 제12회 연례 동계 포럼(12th Annual Winter Forum on Real Estate Opportunity & Private Fund Investing)」이 진행되고 있다. 인포메이션 매니지먼트 네트워크(Information Management Network)라는 회사에서 주관하는 미국 서부 지역의 대표적인 부동산 투자 업계 행사다. 미국 전역으로부터 1,000여 명의 금융권 종사자들이 한자리에 모였다. 세계 부동산 시장 현황과 전망 등에 대해 전문가들이 벌이는 패널 토론을 참관하고, 정보를 교류하며 친목을 다지기 위해서다.

나는 '해외 자본 시장(Foreign Capital Markets)'에 관한 공개 토론에 패널리스트로 참여한다. 오늘은 내 생애 의미 있는 하루임에 틀림없다. 지구 반대편 이국땅에서, 현재 몸담고 있는 미국 회사를 대표하여, 수백 명의 미국인들 앞에서, 그것도 모국어가 아닌 영어로 나의 의견을 개진하려 한다. 미국 부동산 사모 펀드 분야의 권위자들과 어깨를 나란히 하게 된다. 어쩌면 6년 전 내가 생전 처음 뉴욕 땅에 발을 디뎠을 때, 무의식적으로 마음속에서 그리던 모습이 아니었을까.

단상에 오르자 앞서 도착해 있던 남성이 나에게 오른손을 내민다.

"Hello. I'm James. Good to see you. I'm the moderator today. You must be Kye\Kai\ from Clarion Partners. Did I pronounce your name correctly?"

[번역] "안녕하세요. 제임스라고 합니다. 만나서 반갑습니다. 제가 오늘 토론에서 사회를 맡았습니다. 클라리온 파트너스에서 오신 카이 씨 맞죠? 제가 이름을 제대로 발음한 건가요?"

제임스가 활짝 웃으며 내 손을 꽉 움켜쥔다. 나도 미소를 보내며 손에 힘을 준다. '손을 힘 있게 잡는 것이 미국식 악수'라는 리안(Leanne)의 충고가 문득 머릿속에 떠올랐기 때문이다. 리안은 나의 둘도 없는 멘토(mentor)다.

"Hi. Nice to meet you. I'm Kye\Key-eh\ Joon Lee. 'Kye\Key-eh\ Joon' is my first name. Two words. But you can just call me Kye\Kai\ or KJ."

[번역] "안녕하세요. 만나서 반갑습니다. 저는 이계\기에\준이라고 합니다. '계\기에\준'이 제 이름이구요. 두 글자입니다. 그냥 카이 또는 케이제이라고 부르셔도 됩니다."

"KJ! That is easy!"

[번역] "케이제이! 그게 쉽네요!"

미국 사람과 처음 인사를 나눌 때면 대부분 가장 먼저 묻는 질문이 내 이름을 어떻게 발음해야 하는지다. 보통 미국인들은 내 이름을 잘못 읽지만 나는 개의치 않는다.

이어 다른 패널리스트들과도 통성명을 하고 명함을 주고받는다. 토론자들이 각자의 명패 뒤에 앉자 객석 등이 어두워진다. 소란스러웠던 대강당이 질서를 되찾는다. 이제 모든 시선이 나에게 집중된다. 방청석은 가득 찬 상태다. 미처 자리를 잡지 못한 사람들 여럿이 강당 뒤에 서 있다. 사회자의 인사에 방청객들이 일제히 손뼉을 치며 화답한다.

막상 마이크를 마주하니 박수 소리와 사회자의 음성이 내 귓속에 또렷이 전달된다. 나는 가슴을 펴고 심호흡을 한 번 크게 내뱉으며, 이번 포럼에서 그동안 쌓은 실력을 남김없이 발휘해 보자고 다짐한다. 그리고 다시 주문을 왼다. 잘 해낼 수 있을 거라고. 나는 실전에 더 강하다고.

사회자의 요청에 따라 토론자들이 돌아가면서 각자 소개를 한다.

"I'm Kye Joon Lee from Clarion Partners, a real estate investment management firm based in New York. Today, Clarion has about $35 billion in AUM across property types in the Americas, largely the United States. Spearheading Clarion's investment program in Asia, I'm overseeing direct and indirect institutional investments from Asia into the Americas. Thanks."

번역 "뉴욕 소재 부동산 투자 운용사 클라리온 파트너스의 이계준이라고 합니다. 현재 클라리온은 아메리카 지역, 주로 미국에 약 350억 달러 규모의 자산을 보유하고 있습니다. 저는 클라리온의 아시아 투자 프로그램을 주도하며, 아메리카 지역으로 투자하는 아시아 기관들에 관련된 사업을 총괄하고 있습니다. 감사합니다."

제1부
데자뷔(deja vu)

1
건축학도의 선택

    10온스(ounce) 글러브가 끼워진 양손이 물에 젖은 솜뭉치처럼 축 처졌다. 입에 문 마우스피스에 목이 막힌 듯 숨이 잘 쉬어지지 않고, 헤드기어가 너무 죄는 건 아닌지 자꾸 손이 갔다. 코치님께서 무언가를 계속 말씀하시는데 내 귀에까지 닿지 않았다. 다리에 힘이 풀리고, 머릿속이 점점 백지장같이 하얗게 변해 갔다.
    배짱이 부족하고 운동에 대한 재능도 특출하지 않았던 건축공학과 3학년. 나는 눈을 감고 숨을 깊게 들이마셨다. 몇 초 후 숨을 내쉬고는 침을 꿀꺽 삼키면서 비장한 각오를 했다.
    '이번만은 죽기 살기로 싸워 보겠노라.'

    공이 울렸다.
    상대 선수는 즉각 나에게 달려들어 주먹을 휘둘렀다. 나는 반사적으로 허리를 굽혀 피하며 그의 옆구리에 오른손 훅을 넣고 복부를 마구 가격했다. 하지만 그는 꿈적도 않고 갑작스레 소나기 펀치를 퍼부었다. 나는 코너로 몰렸고, 그의 무차별 공격은 멈출 줄 몰랐다. 나는 가드를 바짝 올리고 상체를 좌우로 흔들며 가까스로 빠져나왔다. 그는 연타를 날리며 나를 쉴 새 없이 압박했다. 내가 뒷걸음질을 치자 심판이 반복해서 외쳤다.

"파이트!"
"파이트!"

1라운드가 끝나 갈 무렵, 마법 같은 일이 일어났다. 나의 발놀림이 갑자기 솜털처럼 가벼워지고 어느 때보다도 더욱 과감해졌다. 마치 내 잠재의식 속에 갇혀 있던 다른 자아가 깨어나 나를 조정하듯이. 반면에, 상대는 지친 기색이 역력했다. 호흡이 매우 짧았고 펀치의 강도도 초반과 달리 약하게 느껴졌다. 나를 짓누르던 두려움이 이내 사라지기 시작했다.

"계준아, 들어가!"
"잽, 잽, 원투!"
코치님의 목소리가 이제 선명하게 들렸다.
"잽, 잽!"

스피드가 살아난 나는 짧게 툭툭 잽을 던지며 춤추듯 링 위를 떠돌았다. 나의 잽은 상대의 안면에 연속으로 적중했다. 그는 스텝이 무뎌지는 모습을 보이며 주춤하더니, 난데없이 왼손 훅으로 크게 허공을 살랐다. 그러고는 제풀에 중심을 잃고 흔들렸다. 나는 재

빨리 안쪽으로 파고들어 그의 가드 사이 틈을 향해 어퍼컷을 한 방 꽂아 넣었다. 그는 턱이 위로 꺾인 채 비틀대며 뒤로 밀려났다. 나는 그를 추격하며 그의 얼굴을 향해 두 주먹을 번갈아 뻗어 냈다. 동시에 주변에서 우레와 같은 함성이 터져 나왔다.

"스톱! 스톱!"

"스톱! 스톱! 스톱!"

코치님이 달려와 나를 안아 올리며 링 위에 쓰러진 상대로부터 멀찍이 떼어 놓았다. 몇 초 동안 시간이 멈췄다. 귀가 울렸다. 문득 '오늘 여자 친구를 데려오지 못해 아쉽다.' 하고 생각했다.

나 자신의 감춰진 면모를 발견하는 즐거움, 그것이야말로 새로운 일에 도전함으로써 찾을 수 있는 귀중한 보물이 아닐까. 누군가 나에게 나의 가장 큰 열정이 뭐냐 묻는다면, 끊임없이 도전하는 것이라고 자신 있게 말할 수 있는 인생을 살고 싶다.

1996년 여름부터 6년 넘게 권투를 했다. 고3 때 같은 반이었던 친구 형석이와 대학에 가면 함께 해 보자던 운동이었다. 형석이가 재수를 했기 때문에, 나는 대학교 2학년 때 권투 체육관에 이름을 올렸다. 그 후 매일같이 손에 하얀 붕대를 감은 채 줄넘기로 몸을 풀고 샌드백을 두들겨 대며 땀을 흘렸다.

건축학도의 길을 선택한 나는 한때 안도 다다오(Ando Tadao)라는 일본 건축가의 작품에 심취했던 적이 있었다. 그가 설계한 건축물 속에 반영되어 나타나는 그의 인생철학도 좋아했다. 내가 권투에 유별난 취미를 붙인 것은 어쩌면 그의 영향 때문이었는지도 모른다. 세계 건축계의 거장으로 손꼽히는 그는 일본의 삼류 권투 선수 출신이다. 나는 물론 권투 선수가 아니라 건축가가 되는 게 꿈이었다.

'시타마치카라자'와 '빛의 교회'. 그 과정이 그랬던 것처럼 건축 이야기에는 반드시 빛과 그림자라는 두 측면이 있다. 인생도 마찬가지이다. 밝은 빛 같은 날들이 있으면 반드시 그 배후에는 그림자 같은 날들이 있다.

독학으로 건축가가 되었다는 나의 이력을 듣고 화려한 성공 스토리를 기대하는 사람이 있는데, 전혀 그렇지 못하다. 폐쇄적이고 보수적인 일본 사회에서 아무런 뒷배도 없고 혼자 건축가로 일했으니 순풍에 돛단배처럼 살아왔을 리가 없다. 여하튼 매사 처음부터 뜻대로 되지 않았고, 뭔가를 시작해도 대개는 실패로 끝났다.

그래도 얼마 남지 않은 가능성에 기대를 품고 애오라지 그림자 속을 걷고, 하나를 거머쥐면 이내 다음 목표를 향해 걷기 시작하고, 그렇게 작은 희망의 빛을 이어 나가며 필사적으로 살아온 인생이었다. 늘 역경 속에 있었고, 그 역경을 어떻게 뛰어넘을 것인가를 궁리하면서 활로를 찾아내 왔다.

그러므로 가령 나의 이력에서 뭔가를 찾아낸다면, 아마 그것은 뛰어난 예술가적 자질 같은 것은 아닐 것이다. 뭔가 있다면 그것은 가혹한 현실에 직면해도 결코 포기하지 않고 강인하게 살아남으려고 분투하는 타고난 완강함일 것이다.

자기 삶에서 '빛'을 구하고자 한다면 먼저 눈앞에 있는 힘겨운 현실이라는 '그림자'를 제대로 직시하고 그것을 뛰어넘기 위해 용기 있게 전진할 일이다.

정보화가 발달하고 고도로 관리되는 현대 사회에서 사람들은 '늘 볕이 드는 쪽으로 가야 한다'는 강박 관념에 사로잡혀 있는 것처럼 보인다.

어른들의 주관적인 판단으로 어릴 적부터 사물의 그림자에는 눈을 감고 빛만 보라고 배워 온 아이들은 외부 현실을 접했다가 그늘에 들어섰다고 느끼면 이내 모든 것을 내던져 버리고 포기한다. 그런 심약한 아이들의 비참한 상황을 전하는 뉴스들이 요즘 자주 들려온다.

무엇이 인생의 행복인지는 사람마다 다 다를 것이다. 참된 행복은 적어도 빛 속에 있는 것은 아니라고 나는 생각한다. 그 빛을 멀리 가늠하고 그것을 향해 열심히 달려가는 몰입의 시간 속에 충실한 삶이 있다고 본다.

빛과 그림자. 이것이 건축 세계에서 40년을 살아오면서 체험으로 배운 나 나름의 인생관이다.
- 안도 다다오, 『나, 건축가 안도 다다오』, 이규원 옮김, 안그라픽스(2009), 417~419페이지

대학 시절 나는 셀 수 없이 많은 밤을 지새우며 건축 설계 도면

을 그리고 모형을 만들었다. 그런 아들이 측은해 보였는지 어머니께서 모형 제작을 거들어 주곤 하셨다. 어머니께서는 주로 가구와 계단을 맡아 주셨고, 언젠가부터 내가 설명해 드리지 않아도 그려 놓은 도면만 보고 척척 만들어 내셨다. 어머니 덕택으로 내 건축 모형은 더욱 정교해질 수 있었다.

과제 제출 마감일이 다가오면 나는 학교 설계실에 나가 며칠 동안 집에 들어가지 않을 때도 있었다. 샤워를 매일 하지 못해 몸은 개운하지 않았지만, 어머니께서 일찍 주무실 수 있으리라는 생각에 마음은 한결 가벼워지곤 했다. 과제를 마치고 집에 오랜만에 돌아가면 어머니께서 맛있는 저녁을 차려 주셨다. 학창 시절, 그때를 추억하니 가슴이 벅차다.

잠 못 이루는 수많은 밤에도 불구하고 나는 건축 설계 수업에서 매번 B 학점을 받았다. 여자 친구가 없었다면 학점을 더 잘 받았을까. 아니, 예술가적 기질과 창의력이 부족했기 때문일 수도 있겠다. 나는 그림 그리는 건 좋아했으나 건축 설계 실력은 출중하지 않아 보였다.

그러나 나는 무슨 일이든 노력하면 언젠가 결실을 맺을 거라 믿는 경향이 있다. 그런 믿음에 그럴듯한 근거가 항상 있는 건 아니다. 아주 작은 가능성만 보여도 왠지 잘될 것 같은 그런 기분이 나를 움직이는 동력인 것 같다.

결국 졸업 설계 수업에서 교수님께서 주신 A 학점과 졸업 작품전 우수상 수상이 나에게 건축가의 꿈에 대한 희망의 불씨가 되었다. 그리고 이듬해 '대한민국 건축 대전'이라는 권위 있는 공모전에 입선함에 따라 그 꿈이 한층 확고해졌다. 그 이후로 수년간 각종 건축 설계 공모전에 출품하느라 잠 못 이루는 밤을 이어 나갈 정도였다. 여자 친구는 검은색 플라스틱 도면통이 나에게 잘 어울린다고 격려해 주었다.

2
유학에 대한 막연한 동경

    우리 가족과 친인척 중에는 건축계에서 활동하는 사람이 단 한 명도 없었다. 따라서 나는 학교 교수님들과 선배들 중에서 건축인의 본보기를 찾으려 했다. 특히 몇몇 건축 디자인 교수님들과 작품 품평회에 초청되는 외부 강사님들을 막연히 닮고 싶었다. 그분들은 공통적으로 하버드(Harvard), 프린스턴(Princeton) 등 해외 유명 건축 대학원에서 유학을 했다. 나는 그분들을 보며 자연스럽게 해외 유학을 하나의 목표로 삼았다.

    선배들이 군에 복무하는 대신 졸업 후 이른바 병역 특례로 대기업 건설사에 취업하는 것을 보기도 했다. 병역 특례 제도는 일정한 자격, 학력 등의 조건을 갖춘 인력에게 나라에서 공정하게 부여하는 기회라고 들었다. 병무청 홈페이지에 따르면, 국가 산업의 육성을 위하여 병무청장이 선정한 업체가 병역 자원의 일부를 활용하도록 지원하는 제도라고 한다. 병역 특례 요원은 연구 기관에서 과학 기술 분야에 종사하는 전문 연구 요원과 산업체에서 제조 및 생산 분야에 종사하는 산업 기능 요원으로 나뉜다. 당시에는 100인 이상의 종업원을 고용한 건설업체가 산업 기능 요원을 채용할 수 있는 산업체에 포함되어 있었다. 다만 병역 특례자의 의무 복무 기간은 현역에 비해 다소 길었다.

나는 건설 엔지니어보다는 건축가가 되고 싶었다. 하지만 건설 회사에서 공사 현장을 체험한다면 더욱 유능한 건축가가 될 수 있을 것이라고 생각했다. 따라서 대학 재학 중에 현역병 입영 여부를 두고 망설이지 않고, 쉽사리 병역 특례 쪽으로 희망 진로를 정했다. 그다음 계획은 해외 건축 석사 학위(Master of Architecture) 취득이었다. 병역 특례가 군대에 가지 않고 회사에 근무하는 것인 만큼 유학 자금 마련에도 도움이 되리라 생각하니 나에게는 이상적인 선택 같았다.

3
사회생활의 첫걸음을 내딛다

까만 가운, 학사모, 한 아름의 꽃다발, 함박웃음, 가족 그리고 친구들. 1999년 나의 졸업식 사진에는 행복이 그득하다. 하지만 마음 한구석에는 새 출발의 설렘보다 불투명한 미래에 대한 불안감이 가득했다. 당시 한국의 경제는 아시아 금융 위기의 여파에서 벗어나지 못하고 있었다. 기업들은 대졸 신입 사원 채용 규모를 현저히 줄인 후였다.

졸업 동기들 중 병역 특례 희망자는 나를 포함하여 총 일곱 명이었다. 그중 세 명은 경기 침체로 취업이 힘든 가운데서도 졸업과 동시에 굴지의 대기업 건설사에 입사했다. 다른 세 명도 대형 건설 회사에 취직했다는 소식이 곧 들려왔다.

홀로 남겨진 나는 날마다 학교에 나가 취업 게시판을 샅샅이 뒤

졌고, 교수님들께 조언을 구하기도 했다. 하지만 건설 회사 병역 특례 채용 공고는 도대체 어디에 숨어 있던 건지, 전혀 찾을 수 없었다. 날이 갈수록 절망이 증폭되어 갔다. 결국 군대에 들어가는 것도 고려하지 않을 수 없었다.

하루는 병무청 민원실을 방문했다. 병역 특례 또는 육군에 입대하는 것 이외에 다른 어떤 길이 있는지 상담하기 위해서였다.
"건설 회사에 병역 특례로 취업하는 것은요 낙타가 바늘구멍 들어가기보다 어려워요. 단념하는 게 좋을걸요."
민원실 직원의 충고였다. 병역 특례 업체로 지정된 건설사의 수는 약 130개에 달하지만, 각각이 채용할 수 있는 병역 특례자 수는 1~3명에 불과하기 때문이라고 했다.
나는 해당 건설 회사들의 목록을 복사해 왔다. 거기에는 회사 이름과 주소, 전화번호가 시공 능력 평가액이 큰 순서로 정리되어 있었다. 나는 위쪽에 있는 대형 건설사들부터 차례차례 전화를 걸어 보기로 했다.

"안녕하십니까. 올해 2월에 연세대학교 건축공학과를 졸업한 이계준이라고 합니다. 병역 특례 채용 계획에 대해 문의드리려 합니다. 담당하시는 분과 통화 가능할까요?"
담당자들은 대부분 자리에 없었다. 간신히 연결되더라도 돌아오는 대답은 아주 짧았다. 그리고 한결같았다.
"계획 없어요."

"네... 그럼... 한 달 후에 다시 전화드려도 괜찮을까요?"
"계획 없다니까요."
토씨 하나까지도 똑같았다.

너 누군데 뜬금없이 전화질이냐고 따지는 듯한 말투는 아무래도 익숙해지지 않았다. 수화기를 통해 전해지는 싸늘함은 수화기를 내려놓은 후에도 좀처럼 가시지 않았다. 그렇기에 전화기를 들기까지는 항시 두근거림 증상이 있었다. 그것은 거절당하는 것에 대한 두려움이었다. 그 두려움은 시간이 가도 수그러지지 않았다. 그런데 그것이 오히려 억지로라도 전화기를 들어야 하는 이유가 되었다.

내가 어렵다고 느끼는 일이라면 누구든 그렇게 느끼지 않겠는가. 나처럼 적극적으로 전화를 걸어 문의하는 구직자들은 많지 않을 것이라고, 그만큼 경쟁이 치열하지 않을 것이라고 판단했다. 이렇게 생각을 바꾸면 두 시간이고 세 시간이고 네 시간이고 초지일관 힘껏 달릴 수 있었다. 단순히 특례 채용 계획 유무를 확인하는 과정에 집중하게 됐고, 그 과정의 끝에 다다르는 것을 새로운 목표로 설정했다.

4
문전 박대

"이봐요, 젊은 양반. 특례는 이렇게 뽑는 거 아니에요."

내가 말하고 있는 도중에 T 건설 인사부장이 손사래를 치며 말했다.

"시간만 낭비하지 말고 그냥 돌아가세요."

"죄송합니다. 이력서라도 여기 두고 가겠습니다."

나는 두 손으로 서류 봉투를 슬그머니 내밀어 책상 위에 올려놓았다. 인사부장은 나의 팔목을 잡아 나를 엘리베이터 앞으로 끌어냈다. 그러고는 한마디 말도 없이 등을 돌렸다.

"혹시 상황이 바뀌면 연락 주셨으면 합니다! 감사합니다."

나는 그의 뒤통수에 대고 큰 소리로 외쳤다.

이렇게 몸소 찾아가 보기도 했다. 정성을 다하면 하늘이 감동하여 길을 열어 주지 않을까?

하지만 결말은 하나같았다. 문전 박대.

한편 어머니의 지인이 중견 건설 회사인 S 건설의 사장과 개인적으로 친분이 있는 사이라고 했다. 어머니와 나는 별 기대는 하지 않았다. 내가 이미 S 건설 인사팀으로부터 채용 계획이 없다는 답변을 들은 후였기 때문이다. 그래도 어머니께서는 행여나 하고 그 사람에게 전화해 보셨다.

며칠 후 그 지인이 S 건설에 내가 원하는 자리가 남아 있다고 말했다. 그런데 돈이 필요하다고! 순간 나는 둔기에 머리를 얻어맞은 것처럼 멍해졌다. 그동안 수집한 여러 가지 정보의 조각들이 머릿속에서 맴돌았다. 병무청 직원의 회의적인 태도. 회사별로 극히 제한적인 채용 가능 인원수. "특례는 이렇게 뽑는 거 아니에요."라는 T 건설 인사부장의 말도 뼈가 있는 말 같았다. 회사 수뇌부와의 연줄 혹은 브로커를 통한 청탁 없이는 애초부터 불가능한 것을 내가 좇고 있던 것은 아니었을까. 마땅히 어머니와 나는 S 건설의 제안을 거절했다. 그리고 나는 다짐했다.

'그래도 하던 전화는 끝까지 해 보자.'

누군가 '성공이란 99%의 실패에서 나온 1%의 성취'라고 하지 않았던가. 아니나 다를까 이력서를 보내 보라는 회사가 두 곳 있었다. 시공 능력 순위 상위권에 올라 있던 대기업 계열사 L 건설과 최하위권에 머물렀던 중소기업 W 건설. 이들 두 회사에서는 면접도 봤다. 내가 전화를 걸었던 130여 개 기업 중 약 1.5%에 해당한다.

기회의 문을 연 것 자체를 성공으로 본다면, 나는 '98.5%의 실패에서 나온 1.5%의 성취'라는 역사적 쾌거를 이뤘다.

안타깝게도 끝내 취직은 안 되었다. 하지만 아쉽지 않았다. 모든 병역 특례 업체에 채용 계획을 직접 물어보겠다는 목표를 세웠고, 그 목표를 멋지게 달성해 낸 것이기 때문이리라. 더욱 의미 있었던 한 가지 사실이 있다. 그것은 문제 해결을 위해 열심히 뛰고 결과에 연연하지 않는 나 자신의 모습을 발견한 점이다. 20년 가까이 지난 지금까지도 내가 새로운 도전을 두려워하지 않는 이유인 것 같다.

온종일 전화통을 붙들고 살던 생활을 접고, 설계 사무소에서 아파트 개발 사업 건축 도면을 그렸다. 파트타임으로 일했지만, 건축 실무를 배울 수 있었고 적으나마 용돈을 벌었다. 병역 미필자라 정규직 취업은 불가능했다. 퇴근 후에는 권투 체육관으로 달려갔다. 틈틈이 여자 친구 얼굴을 자주 보고, 주말에는 친구들과 술잔을 종종 나눴다.

졸업 후 그렇게 1년이 지났다.

5
행운이라는 변수

2000년 3월. W 건설 업무과 과장으로부터 전화가 왔다. W 건설은 지난해 내가 면접에서 떨어졌던 두 개 회사 중 하나였다.
"이계준 씨, 어디 특례로 취직하셨어요?"
나는 ~~육군~~ 입영 날짜를 기다리고 있다고 대답했다. 업무과장은 나에게 곧장 사무실로 와 보라고 했다.

하루가 눈 깜짝할 새에 지나갔다.
"다른 시키실 일 없으십니까?"
"수고했어. 오늘은 이만 들어가지."
"정말 감사합니다. 그럼 이만 들어가겠습니다. 앞으로 열심히 하겠습니다! 감사합니다."
사무실 밖으로 나오자마자 부모님께 기쁜 소식을 전해 드렸다.

새까만 밤하늘을 수놓은 별들이 내 얼굴을 향해 쏟아져 내리는 것 같았다. 사회인으로서 첫 출근은 그렇게 시작되었다. 지난 1년간의 노력이 급작스럽게 행운을 가져다준 순간이었다.

 뜻한 바를 이루려면 노력해야 한다. 이는 누구도 부정할 수 없는 명제일 것이다. 하지만 노력한다고 해서 뜻한 바를 항상 이룰 수 있는 것은 아니다. 우리 삶에서 성공의 방정식에는 행운이라는 변수가 포함되어 있기 때문이다.

 어떻게 하면 행운의 수치를 올릴 수 있을까. 나는 130여 개 건설사 인사 담당자들에게 일일이 전화로 혹은 방문하여 문의하는 방법을 택했다. 몇 년 후에야 알게 되었지만, 그것이 내 인생의 첫 번째 '콜드콜(cold call)'이었다. 콜드콜이란 모르는 사람에게 상품 등의 구매를 권유하기 위해 약속을 잡지 않은 채 전화하거나 방문하는 행위로서 세일즈(sales)의 가장 기초적인 수단이다. 이를테면 병역 특례자로 취업하고자 하는 구직자로서 나는 병력 특례 업체로 등록된 모든 건설업체에 콜드콜을 했다. 이는 무언가를 판매하기 위해 세일즈맨이 구매력을 갖춘 소비자들에게 콜드콜하는 것과 다를 바 없다. 나는 콜드콜을 통해 바라는 바를 이루어 냈다. 나에게는 콜드콜이 행운의 확률을 높이는 비결이었다.

제2부
삼진 아웃

1
화곡동 아파트 현장

첫 출근의 기쁨은 그리 오래가지 않았다. 중소 건설 회사에 근무하는 나로서는 이름만 대면 누구나 알 만한 대기업에 취직한 친구들이 부러웠다. 그리고 대규모 건설 현장에서 시공 경험을 쌓고 싶은 욕심이 생겼다.

지난 노력의 보상으로 다시 행운이 찾아온 것일까. 2001년 초에 병역법이 일부 개정되었다. 병역 특례 기간 중에도 이직할 수 있는 길이 처음으로 열렸다. 단, 새 고용주와 현 고용주 모두가 동의해야 한다는 조건이 붙어 있었다.

마침 대기업 계열 건설사인 L 건설에서 신입 사원 공채 계획을 발표했다. 공고된 내용에 따르면 나는 자격 미달이었다. 통상 그렇듯이 남성의 경우 병역을 마친 사람만 채용하겠다고 명시되어 있었다. 그래도 나는 입사 지원서를 제출했다. 병역필 여부를 묻는 칸에는 '군필'이라고 표시했다. 그렇게 서류 전형을 통과하고 면접까지 올라갔다. 끝으로 하고 싶은 말이나 질문이 있느냐고 면접관들이 물었을 때, 나는 이렇게 대답했다.

"제가 작성한 지원서의 내용 중에 한 가지 이해를 구하고 싶은 부분이 있습니다. 저는 병역의 의무를 아직 마치지 않았습니다. 현재 W 건설에서 병역 특례로 일하고 있습니다. 그런데 최근에 병역법이 개정되어 군 복무 기간 중에 직장을 옮길 수 있게 되었습니다. 회사별로 채용 가능한 병역 특례자 수는 여전히 제한되어 있습니다. 그러나 이직자는 그 인원수에 영향을 끼치지 않는다는 것을 병무청을 통해 확인했습니다. 따라서 저는 군필자와 다를 바 없습니다."

얼마 후 나는 L 건설에서 최종 합격 통보를 받아 냈다.

하지만 W 건설 사장님께서 동의해 주지 않으셨다. 나는 저녁에 케익과 꽃바구니를 사 들고 사장님 댁으로 찾아갔다. 삼세번에 득한다는 옛말이 틀리지 않기를 바라며 하루, 이틀, 사흘, 같은 시간대에 보초처럼 집 앞에 서서 기다렸다. 하지만 사장님을 뵐 수 없었다.

마지막 날은 예기치 않게 소나기가 쏟아졌다. 우산이 없어 순식간에 온몸이 젖는데도 자리를 뜰 수 없었다. 이윽고 비바람이 매섭게 몰아치더니 빗방울이 콘크리트 바닥을 때리는 소리가 폭발적인 리듬으로 변해 갔다. 그때 어둡게 선팅을 한 검은색 승용차가 천천히 빌라 정문을 지나 들어갔다. 갑자기 빗물에 젖은 콘크리트 냄새가 청량하게 코끝에 스몄다.

다음 날 오전. 사장님의 아들인 이사님께서 아무도 모르게 전직 동의서에 도장을 찍어 주셨다. 나는 직장 동료들과 작별 인사도 나누지 못한 채 조용히 사라져야 했다. 이사님께서 사장님의 뜻을 받들어 다른 특례 직원들의 동요와 이탈을 원치 않으셨기 때문이다. L 건설에 출근이 확정된 그날, 하루 종일 나는 몸이 공중에 붕 떠 있는 기분이었다. 내가 그토록 갈망하던 대기업 건설 회사에 병역 특례로 입사하게 된 것이었다.

2001년 8월. 나는 L 건설의 서울 화곡동 아파트 건축 현장에 배치되었다. 무려 1,164세대를 짓는 공사였다.

이른 아침. 뉴욕에서 밤 비행기를 타고 일곱 시간 만에 런던에 도착했다. 호텔 방에 들어와 짐을 풀 겨를도 없이 침대에 누웠다.

오후 한 시 정각. 휴대폰 알람이 울린다. 샤워를 하고 간단한 룸서비스로 허기를 채운다. 이번 런던 방문은 중요한 클라이언트(client)와의 저녁 식사를 위해서다. 더 샤드(The Shard) 35층 샹그리라(Shangri-La) 호텔 레스토랑에 테이블이 예약되어 있다. 몸은 지쳐서 느른하지만 일찌감치 약속 장소로 향한다. 꼭 한번 가 보고 싶은 곳이 있기 때문이다.

해 질 녘. 더 샤드 72층 전망대(The View from The Shard)에 오른다. 건축가 렌조 피아노(Renzo Piano), 학창 시절 책에서만 보던 그의 작품 안에 실제로 들어와 보니 건축학도였던 지난날의 감회가 되살아난다. 건축 도면을 그리고, 모형을 만들고, 설계 과제를 마감하는 일에 열성을 다해도 만족스러운 평가를 받지 못하던 때가 있었다. 졸업 후에도 건축 공모전에 응모한답시고 많은 밤을 지새웠지만 번번이 낙선에 좌절하기만 했다. 동시에 직장도 여러 번 옮겨 다니면서 혼란스러운 시기를 보냈다. 이제는 다른 도시에 살고, 다른 일을 하며, 다른 미래를 꿈꾸고 있으니 어찌 보면 시행착오로 얼룩진 볼품없는 과거라고 할 수 있다. 그러나 그런 과거가 있었기에 현재의 내가 있는 것이다.

어느새 해가 지평선 너머로 사라지고, 템스강(River Thames)을 중심으로 런던 야경이 눈앞에 펼쳐진다. 타워 브리지(Tower Bridge), 런던 타워(Tower of London), 세인트 폴 성당(St. Paul's Cathedral), 밀레니엄 브리지(Millennium Bridge), 테이트 모던 미술관(Tate Modern)... 현대적인 빌딩과 옛 건축물이 어우러져 화려한 불빛을 쏟아낸다. 나는 현재와 과거가 공존하는 듯한 착각에 빠져든다.

다음 날 오전. 싱가포르행 여객기에 몸을 싣는다. 열두 시간이 넘는 비행이다. 뭐든지 반복하면 익숙해지기 마련인데, 장거리 비행은 아무리 반복해도 익숙해지지 않는다. 그래도 공항 보안 검색대를 통과하면서 새삼 깨달은 사실이 있다. 많은 사람들에게 공항은 설렘의 공간인 것 같다. 여행객들의 표정을 다시금 살펴보며 나는 지금 설렘의 공간에 있음을 실감한다. 게다가 비행기가 이륙하면 혼자만의 시간이 시작된다. 인터넷이 없어 이메일을 받지 못하니 어느 누구도 나를 방해할 수 없다. 고단한 장거리 비행이 비단 고단한 것만은 아닌 것이다. 이처럼 세상사는 다 생각하기에 달렸다.

"Good morning, Mr. Lee."

번역 "안녕하세요, 이 선생님."

승무원이 미소를 지으며 샴페인을 권한다.

비행기가 싱가포르 공항 활주로에 착륙하자마자 휴대폰을 켠다. 시간은 오전 여덟 시를 지나고 있다. 호텔 체크인을 하고 44층 방에 들어와 창가로 다가간다. 청명한 하늘과 반짝이는 바다에 눈이 부시다. 발 아래로는 공사 현장이 내려다보인다. 철근이 촘촘히 깔려 있는 건축물 슬래브 한 귀퉁이에 두 눈동자가 고정된다. 콘크리트를 타설하는 인부들의 모습에 내 기억 속 한 청년의 모습을 떠올린다.

늦은 밤. 공사가 한창인 아파트 옥상. 한 청년이 옷소매로 얼굴에 흐르는 땀을 닦아 낸다. 반대편 구석에는 일곱 명의 중년 남성들이 영차 영차 힘을 합쳐 콘크리트를 붓고 있다. 청년은 무언가 회상하며 감격에 겨운 눈빛으로 그들을 바라본다. 청년은 아파트 신축 공사 현장의 건축 기사다. 중년 남성들은 평소에 각각 대여섯 명의 인부들을 거느리는 작업반장들이다. 청년의 머릿속에 과거의 흔적들이 차례차례 스쳐 지나간다.

20대 중반의 순진한 건축 기사에게 노련한 작업반장들을 통솔하는 업무는 그리 만만하지 않았다. 처음 몇 개월 동안은 유달리 상당한 고충을 겪어야 했다. 전공 서적에서 배운 시공 방식과 상이

점이 발견되면 그걸 바로잡으려 할 때마다 마찰이 빚어졌기 때문이다. 초기에는 연장자에게 예의를 지켜야 한다는 통념에 사로잡혀, 뜯어고칠 데가 많아도 반장들을 살살 구슬리기에만 그쳤다. 공사장 안전과 쾌적한 작업 환경을 부르짖으며 솔선해서 바닥도 쓸고, 여기저기 흩어져 굴러다니는 철근 조각을 한데 모으고 시멘트 포대를 짊어 나르기도 했다. 그러다가 공문식의 딱딱한 문장으로 가득 찬 시정 지시서를 발부하여 기록을 남기고, 큰소리를 치며 화를 내도 그다지 소용없었다. 건축 기사는 반장들에게 점점 더 반감을 사기만 하는 것 같았다.

    1년이 지난 지금 청년은 예전 같았으면 기대조차 할 수 없을 고무적인 광경을 만들어 내고 있다. 일곱 명의 베테랑 '자원자'들을 진두지휘하며 특별 임무를 수행하는 중이다. 잠시 후 청년은 온통 땀으로 범벅된 반장들 속으로 뛰어들어 콘크리트 호스를 함께 잡는다. 이 청년 건축 기사는 바로 2002년의 내 모습이다.

    L 건설 화곡동 아파트 현장에서 추석 연휴 전날 밤 자정에 가까운 시각이었다. 그날 예정된 콘크리트 타설 작업은 내가 담당한 307동 아파트 건설의 준공일을 맞추기 위해 결정적인 공정이었다. 콘크리트를 치고 나면 다음 작업에 착수하기 전에 양생하는(콘크리트가 완전히 굳을 때까지 적당한 수분을 유지하고 충격을 받거나 얼지 않도록 보호하는) 기간이 필요하다. 명절을 쇠러 가기 전에 타설을 완료하면, 명절을 쇠는 동안 양생할 수 있으니 그만큼 시간을 벌 수 있다. 하지만 이에 아랑곳 않고 콘크리트공들이 죄다 일찌감치 고향길을 나섰다.

만일 작업반장들이 자발적으로 휴가를 하루 미루지 않았다면, 307동의 공사 기간은 열흘 이상 길어졌을 것이다. 공사 일정 지연은 공사비 증가와 직결되므로 심각한 문제다. 그렇다고 콘크리트 타설이 반장들의 의무는 아니었다. 반장들은 그날 내가 콘크리트 작업을 반드시 마쳐야 한다는 사실을 알았기 때문에 끝까지 나와 함께했다. 단지 내가 그들의 도움을 필요로 한다는 이유만으로.

초짜 건축 기사가 젊은 리더로 성장하기까지는 고통스럽고 긴 과정을 거쳐야 했다. 공사장의 건축 기사에게 중요한 요소인 리더십 스킬을 학교에서 가르쳐 주지 않아서였을까. 나에게 너무나도 빨리 갈등의 클라이맥스(climax)가 찾아왔다.

어느 뜨거운 여름날의 늦은 오후였다. 나는 인부들이 보는 앞에서 콘크리트 박 반장과 서로 멱살을 틀어잡고야 말았다. 급기야 박 반장은 안전모로 나의 머리를 가격했다. 나는 자세를 낮춰 레슬링식 태클로 박 반장을 넘어뜨렸다. 305동 아파트 기초 바닥의 철근망이 출렁이며 한바탕 이종 격투기가 벌어졌다. 옆에 있던 인부들이 서둘러 우리 둘을 떼어 놓은 뒤에야 사태가 수습됐다. 박 반장은 흥분을 감추지 못하며 자신의 팀원들을 데리고 즉각 사라져 버렸다. 전날 새벽 네 시께부터 계속된 305동 기초 콘크리트 타설은 그렇게 불완전하게 끝나 버렸다. 너무 순식간에 일어난 일이었다. 나는 한참을 혼자 멍하니 서서 어둠이 깔리는 현장을 바라보았다. 집에도 들어가지 못하고 연속으로 맞는 두 번째 일몰이었다. 장장 서른여덟 시간 동안 계속한 노동의 결과가 그런 처참한 꼴이 되었단 말인가.

　305동의 기초는 넓이가 크고 두께가 두꺼워 그날 콘크리트 작업은 거대한 콘크리트 덩어리를 만드는 것이나 다름없었다. 부어 넣어야 할 콘크리트의 양이 막대했던 만큼 작업을 꼭두새벽에 시작했던 것이다. 출근 시간 전에는 교통의 흐름이 순조로우니 레미콘(ready-mixed concrete: 콘크리트 제조 공장에서 아직 굳지 않은 상태로 차에 실어 현장으로 배달하는 콘크리트) 차량 배차 간격을 줄여 타설에 속도를 낼 수 있기 때문이다. 많은 이들이 잠든 사이에 콘크리트를 최대한 소화시켜 공정을 가능한 한 빨리 한 번에 완료할 계획이었다. 두세 번에 걸쳐 타설을 하면 타설 이음부가 생기므로 공사 품질 측면에서 좋지 않다.

　예정대로 레미콘들이 속속 도착했다. 그런데 박 반장과 콘크리트공들의 불평이 터져 나왔다. 레미콘이 물기가 적어 빡빡해서 작업이 더디다는 거였다. 어두워지기 전에 마치겠다고 새벽부터 부산을 떨었지만, 퇴근 시간이 지나도록 절반도 끝내지 못했다. 그러고 보니 레미콘 펌프카(펌프 압력을 이용하여 콘크리트를 배관을 통해 멀리 떨어진 지점으로 보내 주는 차량)가 콘크리트를 잘 밀어내지 못하는 것처럼 보였다. 중간에 설상가상으로 압송 배관이 터져 작업이 중단되기도 했다. 흘러나온 콘크리트를 걷어 내고 배관을 다시 연결하는 동안 레미콘 트럭들이 공사장 주변 도로를 점령하여 극심한 혼잡을 빚었다. 그로 인해 각 차량의 대기 시간이 길어지면서 레미콘 운전기사들도 하나둘 집에 가고 차량 한 대만이 밤새 왔다 갔다 했다. 너무나 힘들게 진행되는 작업에 다들 지칠

대로 지쳐 있었다. 그 와중에도 나는 콘크리트가 제대로 채워졌는지, 콘크리트를 진동기로 균일하게 다지고 있는지, 바닥면 수평이 맞는지 깐깐히 살피기에 바빴다.

어느 순간 박 반장은 내가 모르게 콘크리트가 흘러내리는 장치인 일명 슈트(chute) 안으로 물을 뿌리고 있었다. 나에게 적발됐을 때 그는 슈트가 지저분해서 그랬다며 어물거렸다. 그는 나의 경고를 무시하고 잠깐 뒤 다시 호스로 콘크리트에 물을 뿌렸다. 나는 핏대를 세우고 그를 문책했다. 결국 격한 말다툼이 일어났고, 거친 몸싸움으로 번졌다.

콘크리트는 시멘트와 물, 골재, 혼화재를 적정한 비율로 섞어 반죽한 혼합물이다. 종류에 따라 굵은 골재의 최대 치수, 강도 그리고 슬럼프(slump: 굳지 않은 콘크리트의 반죽 질기)가 다르다. 슬럼프는 콘크리트의 강도와 관계가 깊다. 슬럼프값을 높이면 반죽이 질어져 작업성이 향상되지만 강도가 저하된다. 반대로 슬럼프값을 낮추면 품질 측면에서는 좋아질 수 있으나 타설공들이 싫어한다. 반죽이 되어서 작업이 어려워지기 때문이다.

박 반장은 콘크리트가 되다며 불평하는 인부들을 위해 총대를 멨던 것 같다. 그러나 그것이 콘크리트에 물을 섞는 명분이 되지는 못한다. 콘크리트의 강도가 약해지고 재료 분리 현상(균질하게 비벼진 콘크리트의 균질성이 소실되는 현상)이 일어나기 때문이다. 사실 그날 슬럼프 시험(원뿔대 모양의 틀에 콘크리트를 채운 뒤에 틀을 떼어 냈을 때 내려앉는 정도로 콘크리트의 반죽 질기를 재는 시험)에서 이상이 없음을 내가 두 눈으로 확인했다. 305동은 현장 안쪽 고지대에 위치해 있었는데, 당시 진행 중이던 토목 공사 때문에 차량 진입이 여의치 않았다. 따라서 펌프카를 현장 입구 가까이에 세워 놓고 배관을 길게 연결해야 했다. 레미콘이 그 배관을 지나는 동안 슬럼프치가 낮아질 수 있다는 점도 감안했다. 내가 인부들의 불평을 귀담아듣지 않았던 이유다. 아마도 그것이 화근이 되었던 것 같다.

일주일 후 박 반장과 팀원들이 현장에 다시 나타났을 때, 나는 레미콘을 취소하고 콘크리트 타설 일정을 하루 뒤로 늦췄다. 그리고 콘크리트 업체 사장에게 작업반장을 교체하라고 요청했다. 다음 날 박 반장이 다시 나타났고, 나는 또다시 작업을 연기했다. 그러자 박 반장이 인부들과 함께 현장 사무실로 몰려와 내가 남의 밥줄을 끊어 놓았다며 나에게 강하게 항의했다. 나는 침착한 음성으로 며칠 전 박 반장의 편법과 돌발적인 행동을 용납할 수 없다고 말했다.

내가 박 반장 팀에 대해 앙심을 먹었던 것은 아니다. 오히려 그들의 입장을 이해할 수 있을 것 같았다. 그들에게는 적정 품질을 제공하는 것보다 하루 공사 물량을 제때 마치는 것이 더 중요했을지 모른다. 그러지 못하면 벌이가 나빠지기 때문이다. 콘크리트에 물을 타면서까지 일을 빠르게 진행하려 했던 박 반장을 마냥 탓할 수는 없는 것이다. 그렇다고 잘못을 그내로 묵과할 수도 없는 노릇이다. 품질이 우선이라는 기본 원칙을 지키기 위한 본보기로라도 벌을 주어야 했다. 그들이 일터를 잃게 되면 딸린 식구들까지 한꺼번에 생계가 어려워진다는 점은 안타까웠다. 인간적인 감정을 억누르고 냉정함을 유지하는 것이 이만저만 가슴 아픈 일이 아니었다. 다행히 박 반장은 오래지 않아 태도를 바꾸었다. 나는 그와 다시 호흡을 맞춰 일하기로 했다.

    이 일이 벌어진 이후로 나는 리더십 스타일을 바꿨다. 바로잡을 부분을 꼬집어 내며 지시하기 이전에 작업자들이 느낄지도 모르는 애로 사항을 미리 해결하는 데에 초점을 맞췄다. 자재 운반 트럭이 현장에 도착하면 정문으로 달려 나가 작업자들에게 가장 편리한 위치에 하차시키는 등 그들이 능률적으로 일할 수 있도록 내가 부지런히 움직였다. 책에 쓰인 원칙과 반장들의 실제 경험에 근거한 방식을 동시에 고려하여 가장 효과적인 시공 기법을 도출해 내고자 부단히 연구했다. 복잡한 공사는 충분한 회의를 거쳐 실수와 재작업을 방지했다. 또한 시정 지시서 대신 모범적인 작업에 대해 칭찬하는 편지를 전달하며 긍정적인 분위기를 조성했다. 점심시간에는 반장들의 수다를 들어 주며 친분을 다지고, 종종 서로의 고민거리를 말하면서 정을 쌓아 나갔다. 가족적인 친밀감이 높아짐에 따라 일에 더욱 큰 보람을 느꼈다. 어느덧 나는 그들과 서로에게 훌륭한 협조자가 될 수 있었다.

    공사장에서 일하는 것은 사회 초년생이었던 나에게 색다른 도전이었다. 다양한 종류의 리더십 스타일을 시도해 볼 수 있었고 나 자신을 한 단계 성숙시키는 계기가 되었기 때문이다. 이렇게 스스로 배우고 거듭나지 않았다면, 2002년 추석 연휴 전날 밤 화곡동 아파트 현장에서 감동적인 장면은 연출될 수 없었을 것이다.

구성원들에게 목표만을 강요하며 앞장서 이끌기만 해서는 리더가 될 수 없다. 즉, 리더의 위치에 있다고 리더십이 무조건 발휘되는 것은 아니다. 리더의 위치에 있지 않더라도, 공동의 목표를 달성할 수 있도록 구성원들을 뒤에서 밀어주는 모습이 진정한 리더를 만든다. 그러기 위해서는 무엇보다 먼저 구성원들을 이해해야 한다. 리더십은 구성원들의 목소리에 귀를 기울이고 의사소통을 중시하는 데서 출발한다.

화곡동 아파트 현장에서

2
꿈과 이상, 그러나 현실은

　대학 졸업 후 입사 초기에는 매사에 의욕이 넘쳤다. 회사를 위해서라면 무슨 일이든 다 할 수 있을 것 같았다. 한 가지라도 더 배우면 그만큼 성장할 수 있으리라는 희망에 부풀어 있었다. 더구나 건설 현장에서 실무를 익히면서 병역의 의무를 수행하고 있다는 점은 실로 큰 행운이 아닐 수 없었다. 건축 경력의 첫 단추를 원하던 대로 채웠으니 다음 진로에 대해서도 결심을 굳혔다. 해외 유학을 통해 건축 석사 학위를 취득하겠노라고. 온 우주가 나를 중심으로 돌아가는 것 같았다.

　그런데 역시 세상은 그리 단순하지 않았다. 사회에 나와 보니 건축가라는 직업은 학창 시절 기대했던 모습과는 거리가 멀었다. 내가 꿈꾸던 직업은 건축가가 처리하는 업무 가운데서 극히 일부분에 지나지 않았다. 그럼에도 불구하고 여전히 건축에만 매달렸으니 한번 마음먹은 것에 대한 미련이 남았던 모양이다. 마음의 움직임에도 관성이 작용하나 보다. 아무튼 건축 설계 실력을 조금이라도 늘렸으면 싶어서 좋아하던 권투도 그만두고, 미술 학원에 나가 그림을 배웠다. 심지어 건축 공모전에 작품을 출품하기 위해 밤잠을 거의 못 자고 출근하는 날도 많았다. 낮에는 공사 현장 건축 기사의 역할, 밤에는 건축 작품 창작 활동에 전념하는 이중생활을 지속해 나갔던 것이다.

그러던 중에 예고 없이 답답함과 허무함이 밀려왔다. 지난 3년간 밤낮없이 쉬지 않고 살아왔지만 눈에 보이는 성과가 없었다. 참가한 건축 설계 공모전만 총 일곱 개인데 모조리 낙선의 고배를 마셨다. 칠전팔기의 오뚝이 정신을 발휘하자니 내키지 않았다. 예술가적 열정도 메말라 버렸다. 나에게 남겨진 것은 초라해 보이는 설계 도면과 건축 모형, 방바닥 가득히 널브러져 있는 모형 재료 쪼가리들뿐이었다. 7년을 사귄 여자 친구도 나에게 난데없이 이별을 선언했다.

한편 공사장에서 매일같이 반복되는 생활에 익숙해지면서 갖가지 상념에 빠져들곤 했다. 주변 선배들을 따라 병역 특례 기회를 필사적으로 찾고, 끝내 어렵사리 대기업으로 옮기기까지 하고, 해외 건축 대학원에 진학하기 위해 꾸준히 어학 공부를 하고... 건축공학 전공자로서 건축가가 되고 싶은 꿈을 향해 열심히 뛰었다. 그런데 곰곰이 생각해 보니 원래부터 건축가의 꿈을 갖고 있었던 것이 아니었다. 그렇다면 애초에 나는 왜 건축공학을 전공하기로 했을까. 고등학교 때는 대학 입학 자체가 목표였다. 부모님께서 권하신 의대에는 뜻이 없었기에 수능 시험 점수 예상 커트라인을 적당히 감안하여 전공을 정한 것이었다. 건축공학과에서 무엇을 배우는지, 건축공학과를 나오면 보통 무슨 일을 하게 되는지, 그 일이 내가 하고 싶은 일인지, 내가 잘할 수 있는 일인지... 이와 같은 근본적인 질문조차 나 자신에게 던져 본 적이 없었다. 건축공학과에 입학했으니 건축가의 꿈을 갖는 것이 당연해 보였을 뿐이다. 그런데 이제는 그렇게 우연히 생긴 꿈조차 사라져 버렸다. 건축가라는 직업에 대한 환상이 깨진 건 둘째로 치더라도 나는 아무래도 건축 설계에 소질이 없어 보였기 때문이다.

군 복무 기간이 끝나는 날, 나는 회사를 뛰쳐나오고 말았다. 생각이 꼬리에 꼬리를 물어 일에 집중할 수가 없었다. 어차피 건설 엔지니어가 적성에 맞는 것 같지도 않았다. 겉으로는 유학을 가기 위해 영어 시험에 대비해야 한다는 어쭙잖은 핑계를 댔다. 실은 직장을 관두고 무엇을 해야 할지 막막하기만 했다. 현장 소장님, 공사 과장님 그리고 선배 건축 기사들이 나를 붙잡으려고 했다. 함께 흙먼지를 들이마시며 보낸 긴 시간만큼 작별이 쉽지 않았다. 마지막 날은 밤이 새도록, 동기들과 술잔을 기울이며 각자의 앞날을 서로 축복해 주기도 했다. 하지만 나는 내 인생의 나침반이 어디를 가리키고 있는지 알 수 없었다. 아직은 보이지 않는 삶의 행로를 어떻게든 찾을 수 있으리라는 희미한 희망만 있었다.

홀로 여행을 떠났다. 형이 해군 장교로 근무하고 있던 경남 진해를 기점으로 해서 거제도, 외도를 거쳐 경주 불국사, 영주 부석사, 안동 하회 마을, 도산 서원을 둘러보며 민박을 했다. 익숙하면서도 낯선 장소들, 대학생 시절에 답사차 다녀온 곳들을 다시 방문했다. 카메라 셔터를 누르고 스케치북에 풍경을 그리는 동안 한 달이 훌쩍 지났다.

복잡한 도시를 벗어나 맑은 공기를 마시고 아름다운 자연을 바라보고 있노라면, 심신이 상쾌해지고 생활에 활력이 되살아난다. 여행을 하면 왠지 그럴 것 같았다. 그런데 나는 여행에서 돌아온 후에도 달라진 것이 없었다. 오히려 나의 미래에 대한 알 수 없는 불안감이 커져 가기만 했다. 자진해서 사표를 내고 무직자가 되는 것을 대수롭지 않게 여겼지만, 막상 사표를 던지고 보니 어디에도 속하지 않는 하찮은 존재라는 자격지심에 시달렸다. 나는 길을 잃고 갈팡거리기만 하는데 세상은 빠른 속도로 저만치 멀어져 가는 듯했다.

결국 3개월 만에 도로 건설 회사로 돌아가고 말았다. 눈에 보이는 대로 이것저것 가릴 것 없이 이력서를 넣어 보기도 했지만, 다른 곳에는 취업을 하지 못했다. 건설 회사를 벗어나고 싶었으나, 그동안 쌓은 건설 회사 경력을 인정해 주는 곳은 역시 건설 회사뿐이었던 것이다.

나에게 이상적인 선택이 아니라는 걸 알고 있었다. 그래도 일을 하지 않을 때의 조급함은 떨쳐 낼 수 있었다. 대학 선배들은 내가 대책 없이 전 직장을 박차고 나온 행동이 잘못이었다고 충고해 주었다. 어쨌든 나도 건설 현장을 새로이 경험해 보는 것이 좋겠다고 스스로 합리화했다.

3
"주사위는 던져졌다."

    그런데 뜻밖의 일이 발생했다. 건축 기술직으로서 나는 공사 현장으로 배치될 예정이었으나, 실제로는 본사 경영기획팀에 발령을 받았다. 일의 발단은 경력 사원 입직 교육을 마치기 전날 내가 인사과장님께 전화를 걸었던 데서 비롯되었다.

    "저... 죄송하지만... 저 입사 포기하겠습니다."

    "아니, 그게 무슨 말이에요?"

    "교육받으면서 계속 생각해 봤습니다. 사실... 저는 진로를 바꾸려고 했는데요... 더 나은 데를 찾지 못해서... 지원했던 겁니다. 죄송합니다."

    내가 다시 건설 회사로 돌아가게 되었을 때, 선배들은 나에게 대책 없이 전 직장을 박차고 나온 것이 잘못이었다고 충고해 주었다. 나는 그 말에도 일리가 있다고 느꼈다. 하지만 며칠간 수십 명의 입사 동기들과 함께 교육을 받으며 합숙해 보니, 대책 없이 전 직장을 박차고 나온 것보다 다시 건설 회사로 돌아온 나의 선택이 더욱 그릇되었음을 깨달았다. 동기들은 다들 너무나 행복해 보였다. 나도 그들처럼, 아니 그 반만이라도 행복해지고 싶었다. 그러기 위해서는 내가 원하는 직업을 가져야 한다고 믿었다. 이미 경험해 본 건설 현장을 새롭게 다시 경험한들 달라질 건 없다고 직감했는지도 모른다.

"계준 씨, 일단 오늘 밤은 거기서 주무시고 내일 만나서 얘기합시다. 하루밖에 안 남았잖아요. 내일 아침에 등산 있죠? 같이 올라갑시다."

다음 날 예정대로 산행이 있었고, 나는 인사과장님과 나란히 걸었다. 나의 학창 시절, 이전 회사 경력, 사직 사유, 미래에 대한 걱정 등에 대해 등산길 내내 귀 기울여 주시던 과장님은 인생의 선배로서 조언을 아끼지 않으셨다. 그리고 경영기획팀에 마침 공석이 생겼는데 관심 있냐고 물으셨다. 나에게는 거절할 이유가 없었다. 달리 갈 곳이 없어 건설 회사로 복귀했지만, 제자리걸음이 아닐 수도 있으리라 희망을 걸었다. 게다가 '기획'이라는 단어가 어쩐지 멋지게 들렸다. 과장님께서는 경영기획팀이 회사의 브레인(brain)이라고 하셨다.

경영기획팀의 업무는 상당히 낯설었다. 나는 건설업 관련 제도와 시장 동향을 조사하고 분석하는 일을 주로 맡았다. 그리고 매주 임원 회의를 주관하는 팀장님을 도우면서 건설업 전반에 대한 이

해도를 높일 수 있었다. 임원 회의에서는 광범위한 주제에 관하여 해당 부서장들의 발표가 있었고 임원들의 토론이 뒤따랐다. 덕분에 나는 경영 실적 전망, 건설 수주 전략, 주택 개발 사업, 기업 문화, 윤리 경영 등 여러 분야를 접하게 됐다. 세상을 보는 시야가 조금씩 넓어지는 듯했다.

하지만 나는 일을 시작한 지 반년쯤 해서 싫증을 내기 시작했다. 아파트 현장에서는 '젊은 리더'로서 뚜렷한 목표하에 건설 프로젝트를 주도했지만, 본사 경영기획팀에서는 '막내 사원'으로서 그 역할이 미미했다. 회사의 브레인으로서 무언가 고차원적인 직무를 담당하게 되지 않을까 하던 기대가 곧 실망으로 변했다. 서류를 복사하고, 오타를 교정하고, 정수기 물통을 교체하고, 임원 회의실에 열댓 명의 임원들을 위해 물컵과 회의 자료를 가지런히 정돈해 두는 따위의 온갖 잡일이 지나치게 많았다. 우리 팀에서 시행하는 임원 워크숍에서 잔심부름 또한 역시 막내 사원 몫이었다. 임원늘이 술자리를 같이하다가 술이 떨어졌을 때, 나는 소주와 맥주를 몇 박스씩 차에 실어 나르며 나 자신의 장래를 두고 심각한 고민에 빠져들었다.

물론 대기업이라는 간판은 마음에 들었다. 인생이라는 바다를 고요히 항해하는 큰 배에 몸을 싣고 있으니 종종 안정감이 들기도 했다. 그 배 안에서 단계적으로 경험을 쌓는다면, 언젠가는 배의 항로를 조정하는 위치에 오를 수 있다고 어디선가 들은 기억도 있었다. 그런데 밑바닥에서 올려다보니 계단이 너무나도 높고 비좁았다. 그때 방향키를 잡고 있던 선장은 모회사에서 고위 임원으로

퇴직 후 낙하산을 타고 내려온 인사였다. 여러 부서의 책임자들도 매한가지였다. 내 생각으로는 차라리 당장이라도 바닷속으로 뛰어들어 홀로 헤엄쳐 가는 편이 나을 것 같았다.

그 무렵 인터넷 취업 정보 사이트를 통해 한 부동산 컨설팅 회사와 인연이 닿았다. 홍콩에 본사가 있고 규모가 작은 편이라는 것 이외에는 정체가 불분명한 외국계 기업이었다. 그러나 강남의 고급 오피스 빌딩인 스타 타워(현 강남 파이낸스 센터)에 사무실을 두고 있어 겉모습은 그럴싸했다. 게다가 면접 때 보니 서울에 근무하는 네 명 중 한 명이 같은 대학을 졸업한 동문 선배였다. 그 선배가 오피스 빌딩을 사고파는 상업용 부동산 매매 업무를 도울 부하 직원을 하나 채용하고 있었던 것이다. 나는 학연 덕분인지, 지원자가 많이 몰리지 않아서인지 비교적 쉽게 그 기회를 잡을 수 있었다.

당시 한국은 아시아 금융 위기 이후 경기 회복기에 있었다. 미국과 유럽에서 투자 자금이 들어와 서울의 대형 오피스 빌딩을 경쟁적으로 사들였다. 따라서 나는 그때가 상업용 부동산 투자 관련 사업을 배울 수 있는 적기라고 판단했다. 그것이 또다시 건설 회사에서 떠나는 이유가 되었다.

번듯한 대기업을 때려치우고 구멍가게 수준의 외국계 기업으로 가기로 한 나의 결정에 대해 주위에서는 "미친 짓"이라고 했다. 부모님께서도 걱정스러운 표정으로 나를 바라보셨다. 잦은 이직이 좋게 보이지 않는다는 것을 나도 잘 알고 있었다. 그래도 나는 새 직장에 출근할 날만 손꼽아 기다렸다. 미래의 불확실성은 변함이 없었지만, 불확실한 미래에 대한 걱정이 새로운 삶을 향한 기대로 바뀌었다.

"주사위는 던져졌다."

대략 2주가 지났을까. 내가 입사하기로 했던 회사에서 전화가 왔다.
"계준 씨, 회사 그만뒀어요?"
선배가 다급하게 물었다.
내가 "네."라고 대답하기가 무섭게 내 귀를 의심하게 하는 말이 수화기를 통해 들려왔다.
"저기... 우리 회사가... 한국에서 철수하기로 했어요. 저도 어제서야 들었어요... 미안하게 됐습니다."
"...."
나머지 대화는 기억나지 않는다.
선배는 동료들과 함께 런던에 다녀올 계획이라며 전화를 끊었다. 영국계 부동산 컨설팅 회사에 한국 법인 설립을 제안할 예정이라고 했다.

한동안 연락이 없던 선배로부터 이메일이 왔다. 그는 국내 모 자산 운용사에 과장으로 재취업했다. 그와 함께 일하던 동료들도 제각기 어딘가로 흩어졌다. 그러고는 전부 소식이 끊겨 버렸다.
나는 졸지에 실업자가 됐다. 2004년의 가을바람은 쓸쓸하기

그지없었다.

　대학을 졸업한 지도 어언 5년이 지났다. 건설사에 입사하기 퇴사하기만 세 번 반복했다. 한 친구는 나에게 "삼진 아웃"이라고 우스갯소리를 했다. 실은 나도 나를 받아 줄 곳이 더 이상 없겠구나 체념하기 직전이었다. 설령 건설 회사로 돌아가고 싶다 해도 이제는 돌아갈 수 없을 것 같았다. 나는 속이 타들어 가고 있었으나 친구에게 내색하지 않으려고 애썼다. 하지만 나도 모르게 자꾸 힘이 빠지는 건 어쩔 수 없었다.

제3부
콜드콜(cold call)

1
크리스토(Christo) 부부

나무젓가락 한 개는 쉽게 부러뜨릴 수 있지만, 열 개를 묶으면 부러뜨리기 어려워진다. 물은 온도에 따라 상태가 변한다. 온도를 점점 낮추면 얼음이 되고, 온도를 점점 높이면 수증기가 된다. 이처럼 양(量)의 변화는 질(質)의 변화를 가져온다. 이를 가리켜 '양질전화(量質轉化)'라고 한다.

불가리아(Bulgaria) 태생의 설치 미술가 크리스토 자바체프(Christo Javacheff). 1958년에 프랑스 파리(Paris)로 건너간 그는 페인트 깡통 두 개를 소재로 작품 활동을 했다. 하나는 천과 밧줄로 포장했고, 나머지 하나는 본래 모습 그대로 두었다. 그리고 차츰 작품에 담는 깡통의 수를 늘려 나갔다.

1961년부터는 아내 장클로드(Jeanne-Claude)와 협력하여 전시의 규모를 확대하기 시작했다. 그 후 수십 년에 걸쳐 이들 부부의 상상력은 진화에 진화를 거듭했다. 예컨대 1968년에 1,240개의 배럴(1,240 Oil Barrels Mastaba)을 미국 필라델피아(Philadelphia)의 한 미술관 아트리움에 전시했고, 같은 해에 스위스의 수도 베른(Bern)에서는 한 박물관 건물 전체(Wrapped Kunsthalle)를 천으로 덮고 밧줄로 동여맸다. 그 이듬해에는 호주 시드니(Sydney)의 해안가 절벽(Wrapped Coast), 1985년에는 프랑스 파리의 퐁네프 다리(The Pont Neuf Wrapped)를 포장하기까지 했다. 그리고 1999년에는 독일 오버하우젠(Oberhausen)의 실내 전시장에 무려 1만 3,000개의 배럴(The Wall — 13,000 Oil Barrels)을 쌓아 올렸다. 세월이 흐를수록 이렇게 더 큰 작품을 기획했고, 그만큼 더 많은 이목을 끌었다. 연필과 목탄으로 직접 그린 스케치를 판매하여 작품 제작에 필요한 모든 자금을 조달할 정도였다. 나는 크리스토(Christo) 부부를 통해 양질전화라는 철학 개념을 이해하게 됐다.

실업자가 된 후 나는 평소보다 훨씬 다양한 분야의 책을 읽었다. 하루 종일 이력서를 쓰고 면접 준비만 할 수는 없었기 때문이다. 크리스토 부부의 작품집은 유달리 자주 손이 가는 책이었다. 크리스토의 그림에 매료되어 목탄 스케치를 연습하기도 했다. 건축가가 되겠다는 꿈을 여전히 키우고 있는 것은 아니었다. 직업을 잃었다는 허탈감을 그림 그리기로 조금이나마 달랠 수 있었다.

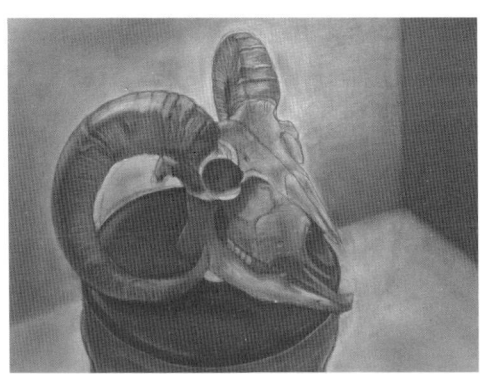
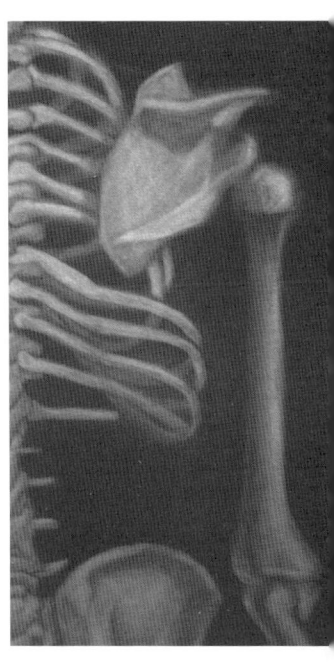

2004년 겨울. 실직 기간이 길어져 아르바이트를 구했다. 국문 신문 기사를 영문으로 번역하는 프리랜서 번역가 팀에 합류하게 되었다. 지난 5년 동안 유학을 갈 생각으로 어학 공부를 해 온 덕에 뜻밖의 일자리를 찾을 수 있었던 것이다. 용돈을 버는 일이 시급했을 뿐인데, 영작 실력도 늘리고 신문도 꼼꼼히 읽게 되니 일석삼조였다. 특히 영어 글쓰기 훈련의 양을 부지런히 쌓아 나가면, 생각지 못한 기회의 문이 열릴 것 같았다. 비록 크리스토 부부가 달성한 위업에 비하면 사소할지라도 내 나름대로 양질전화의 효과를 기대했던 것이다.

> *Ten thousand hours of practice is required to achieve the level of mastery associated with being a world-class expert — in anything. In study after study, of composers, basketball players, fiction writers, ice skaters, concert pianists, chess players, master criminals... no one has yet found a case in which true world-class expertise was accomplished in less time.*
> - Malcolm Gladwell, "Outliers: The Story of Success", Little, Brown and Company, p40

번역 　세계에서 가장 뛰어난 전문가 반열에 오르기 위해서는 무슨 일이든 1만 시간의 훈련이 요구된다. 작곡가, 농구 선수, 소설가, 스케이트 선수, 피아니스트, 체스 선수, 숙련된 범죄자 등에 대해 연구가 거듭되었지만, 진정한 세계 수준의 전문성이 더 짧은 시간 안에 달성된 경우는 아직 아무도 발견한 적이 없다.
- 말콤 글래드웰, 『아웃라이어: 성공에 관한 이야기』, 리틀 브라운앤드컴퍼니(2008), 40페이지

    2005년 1월.『뉴욕 타임스(New York Times)』를 통해 크리스토 부부의「더 게이츠(The Gates)」프로젝트에 대한 소식을 접했다. 이들 부부는 뉴욕의 센트럴 파크(Central Park) 산책로를 따라 오렌지색 천이 달린 7,503개의 문을 설치하여 세계를 놀라게 했다. 뉴욕이라는 도시의 위상, 작품의 규모, 투입된 비용과 인력, 구상부터 제작까지 소요된 26년이란 시간, 16일간의 전시 기간 동안 창출된 천문학적인 경제적 파급 효과.... 이번에도 세계 각지에서 언론인들이 몰려와 열띤 취재 경쟁을 벌였다. 이 작품에 대한 신문 보도를 읽으며 나는 양질전화의 의미를 되새겨 보았다. 그리고 뉴욕에 언젠가 꼭 한번 가 보고 싶은 마음이 생겼다.

2
"웰컴 어보오드!(Welcome aboard!)"

관심을 가지는 만큼 보이는 것일까. 대형 오피스 빌딩을 사고 파는 회사들에 관한 신문 기사가 빈번히 눈에 띄었다. 그 기사들을 읽으면서 나는 상업용 부동산 투자 사업에 대해 관심이 더욱 많아졌다. 외국계 부동산 컨설팅 회사에 채용이 결정되었다가 취소된 것이 못내 아쉬웠다.

하루는 웹 서핑을 하다가 부동산 컨설팅 회사 목록을 올려 놓은 블로그를 찾았다. 그 목록에는 10여 개 회사의 이름과 전화번호, 홈페이지 주소가 정리되어 있었다. 구인 공고를 본 건 아니지만 나는 각 회사에 전화를 걸고 이력서를 이메일로 제출했다. 이들 회사들 가운데서도 채용을 진행 중인 곳이 있을지 모른다고 생각했다. 병역 특례 업체에 전화를 걸어 취업했던 지난 경험을 머리에 떠올렸기 때문이다. 실제로 국내 기업 B 사와 외국계 기업 C 사에서는 면접을 보기도 했다. 하지만 최종 합격자는 되지 못했다. 나머지 회사들은 별다른 반응을 보이지 않았다.

시간이 흐르면서 나는 마음이 급해졌고, 어디든 취직해야 한다는 강박에 시달렸다. 인터넷 채용 정보 사이트를 수시로 살펴보고, 부동산 투자 분야 이외의 전혀 연관이 없는 직종이라도 닥치는 대로 지원하기에 이르렀다. 그러나 정규직은커녕 인턴 자리조차 구하기가 하늘의 별 따기였다. 그동안 이직을 너무 많이 한 것이 치명적인 약점이 되었다고 느꼈다.

약 6개월 동안 인고의 세월을 보낸 끝에 작은 부동산 개발 회사가 구원의 손길을 뻗어 주었다. 당시 아파트 분양 시장의 활황에 힘입어 우후죽순으로 생겨난 이른바 시행사 중 하나였다. 남들이 보기에 변변치 않지만 나에게는 귀중한 일터였다. 공사 단계에 접어든 아파트 개발 사업을 관리하고, 신규 부동산 개발 사업의 사업성을 검토하고, 아파트 분양 전략을 수립하는 등 새로운 지식과 경험을 습득하면서 하루하루를 보냈다. 대기업 경영기획팀에서와는 달리 허드렛일과 씨름할 일은 없었다.

그러던 어느 날 출근길에 휴대폰이 울렸다.
"이계준 씨, 어디 취직하셨어요?"
자신을 소피아(Sophia)라고 소개한 여성이 물었다. 소피아는 외국계 부동산 컨설팅 회사 C 사의 직원이었다. C 사는 반년 전 내가 우연히 인터넷에서 발견한 부동산 컨설팅 회사 리스트에 포함되어 있었다. 그때 나는 인사과에 무작정 전화를 걸어 채용 계획을 물었고, 그 전화 한 통이 면접으로 이어졌다. 아쉽게도 결과는 불합격이었다. 그런데 이번에는 딴 부서에서 사람을 뽑으려고 하니 생각이 있으면 면접 일정을 잡자는 것이었다. 소피아가 인사과에서 모아 둔 이력서들을 한 장씩 넘겨 보다가 나를 찾아냈다는 것 아닌가!

순간, 5년 전의 기억이 눈앞에 겹쳐졌다. 면접에서 떨어진 후 잊고 있었던 W 건설에서 갑작스레 걸려 온 전화. "이계준 씨, 어디 특례로 취직하셨어요?"라고 물으며 나를 찾아 주신 업무과장님. 그렇게 내디딘 사회생활의 첫걸음. 마치 데자뷔(deja vu)처럼 비슷한 상황이 재현되고 있는 것 같았다.

아니나 다를까 소피아와의 통화 후 며칠 만에 나는 면접을 다시 보았고, 결국 C 사는 나의 다섯 번째 직장이 되었다.

C 사는 세계적인 명성을 가진 부동산 컨설팅 회사였다. 나에게 채용을 약속하고 느닷없이 증발해 버렸던 회사도 외국계 부동산 컨설팅 회사였으니, 조금 먼 길로 돌아오긴 했지만 마침내 의도했던 목적지에 다다른 것이었다. 건설 회사에서 삼진 아웃을 당한 게 전화위복이 되어서 도리어 기적이 일어난 것 같기도 하다.

영화 「포레스트 검프(Forrest Gump)」를 보면 인생을 초콜릿 상자에 비유한다. 초콜릿 상자를 열어 봐야 비로소 초콜릿들이 어떻게 생겼는지 알 수 있고, 초콜릿을 먹어 봐야 비로소 그 안에 무엇이 들어 있는지 알 수 있다. 초콜릿 상자에 담겨 있는 초콜릿의 모양과 맛을 내가 결정할 수는 없다.

인생은 수많은 선택들로 이루어진다. 선택은 우리들 자신의 몫이다. 선택은 도전이고, 도전은 변화를 낳는다. 결과는 미리 알 수가 없다. 원치 않은 일을 당하거나 곤란에 처하기도 한다. 바라는 일이 실현되는 행운을 맛보게 될 수도 있다. 그러나 원하는 대로 원하는 시점에 이루어지지 않는 경우가 태반이다. 그만큼 인생은 예측이 불가능하다. 그렇다고 변화를 두려워할 일은 아니다. 변화를 향해 주사위를 던지는 노력을 지속하는 것, 그 또한 행운의 확률을 높이는 방법이다. 누군가에게는 초콜릿을 먹는 것과 같이 단순한 일인지도 모른다.

My mama always said life was like a box of chocolates. You never know what you're gonna get.
- *Forrest Gump*

어머니께서 늘 말씀하셨죠. 인생은 초콜릿 상자와 같다고. 어떤 초콜릿을 먹게 될지 모르는 거라고.
- 포레스트 검프

내가 도착한 걸 어떻게 알았을까. 짙은 금발의 남성이 멀리 저편에서 성큼성큼 걸어 나오고 있었다. 면접 때 본 팀장이었다. 그가 한쪽 팔을 위로 길게 뻗으며 굵은 목소리로 외쳤다.
"웰컴 어보오드!"
내 앞에 멈춰 선 그는 활짝 웃으며 가지런한 이를 내보였다. 나는 그의 파란 눈을 올려다보며 짧게 한마디, "땡큐."

잠시 후 나를 사무실 안으로 안내하며 그는 일방적으로 말을 이어 갔다. 나도 뭐라고 하긴 해야 할 것 같았는데, 땡큐 이후에 머릿속이 온통 하얗게 변했다. 나는 묵묵히 고개를 끄덕임으로써 그에게 호응했다. 곧이어 같은 팀 동료들의 환영을 받았고, 타 부서 직원들과도 짧게나마 인사를 나눌 수 있었다.

점심을 먹고 돌아오자 팀장이 나를 회의실로 불렀다. 그는 나에게 회사에 대한 이런저런 이야기를 해 주었다. 그중 인센티브 제도에 대해 꽤나 긴 시간을 할애하며, 월급이 다가 아니라고 거듭 강조했다.

우리 팀 직원들은 성과에 따라 매달 다른 보수를 받고 있었다. 개별 프로젝트에 대해 개개인의 기여도에 따라 회사 매출의 최대 40%까지 인센티브를 지급받았다. 따라서 누가 무슨 프로젝트에 얼마나 참여하느냐가 중요한 요소였다. 이 모든 것은 면접 날에 팀장이 이미 알려 준 내용이었다.

팀장이 인센티브에 대해 반복해서 설명하는 이유를 이해할 수 있을 것 같았다. C 사에서 내 월급은 전 직장에 비해 절반으로 줄었다. 더구나 첫 3개월 동안은 수습 기간이라서 인센티브도 없고 월급은 70%만 지급된다고 했다. 그러나 나는 아무렇지도 않았다. 연봉이 많고 적음은 나의 관심사가 아니었다. 나에게 중요한 건 삶의 방향이었다. 앞으로 내가 성장하는 데 필요한 역량을 키울 수 있기를 바랄 뿐이었다. 그런 시각으로 바라보니 적은 월급이 적지 않게 느껴졌다. 게다가 C 사가 외국계 회사이기 때문에 최소한 영어라도 배울 수 있겠다는 기대를 가지고 있었다.

팀장과 회의를 마치고 돌아와 책상 위의 컴퓨터를 켰다. 인터넷 영어 사전으로 '웰컴 어보오드(Welcome aboard)'를 검색해 보았다. 짐작했던 대로 입사를 환영한다는 뜻이었다.

3
헛되지 않았던 시간

우리 팀 내에서는 영어가 의사소통의 주요 수단이었다. 입사하기 전에 막연히 기대했던 것 이상이었다. 회사 대표는 영국인, 나의 직속상관이자 팀장은 호주인. 이들 둘은 백인이었고 한국말을 못했다. 팀 동료들은 모두 영어를 한국어만큼 유창하게 구사했다. 그들은 각각 미국, 영국, 네덜란드 등 해외에서 태어나 성장했거나 조기 유학을 다녀온 한국인들이었다. 나는 대학 시절 홀로 2주간 유럽으로 배낭여행을 다녀왔다. 해외 경험이라고는 그것이 당시 내가 가진 전부였다.

다행히 업무를 처리하는 데는 이메일이 주로 사용되었다. 나는 영어 읽기와 쓰기에는 자신이 있었다.

"Good email."

번역 "이메일 잘 썼네요."

팀장이 나에게 종종 했던 말이다. 그는 내가 다른 팀원들보다 영문 이메일을 더 잘 쓴다고 의아해했다. 그럴수록 나는 한 문장 한 문장을 온전히 만들도록 더욱 신경을 썼다. 작문의 속도가 느려졌지만 작은 실수도 하고 싶지 않았다. 드디어 지난 유학 준비로 갈고닦은 실력을 발휘하고 있다는 느낌이 들었다. 6개월 전부터 시작한 신문 번역 아르바이트도 나의 영작 실력에 대한 자신감을 키우는 데에 일조했다. 일주일에 사흘, 하루에 네 시간. 말콤 글래드웰(Malcolm Gladwell)이 강조하는 '1만 시간'에는 못 미쳤지만, 신문 번역에만 총 3,000시간 이상은 족히 투자한 것 같다. 비록 원하던 유학을 떠나지는 못했지만, 그동안의 노력이 헛되지 않았던 것이다.

　스티브 잡스(Steve Jobs)도 유사한 경험을 말한 적이 있다. 그는 대학을 자퇴한 후 전공과목 대신 자신이 듣고 싶었던 강의를 청강했다고 한다. 그중 하나가 글씨를 아름답게 쓰는 기술, 이른바 캘리그래피(calligraphy)에 대한 수업이었다. 그때에는 그의 인생에 전연 도움이 되지 않을 것 같았던 그 수업이 10년 후 그가 개발한 매킨토시(Macintosh) 컴퓨터에 다양한 서체를 접목시키는 밑거름이 되었다. 바꿔 말해서 그가 캘리그래피 수업을 듣지 않았다면 매킨토시에는 미려한 폰트가 없었을 것이다. 그가 대학을 자퇴하지 않았다면 필수 과목이 아니었던 캘리그래피 수업을 듣지 못했을 것이므로, 우리가 일상적으로 접하는 컴퓨터에 지금처럼 훌륭한 서체가 도입될 수 없었을지 모른다. 요컨대 어떤 일에 애착을 가지고 몰두한다면 당장은 아니더라도 훗날 소중한 재산이 되어 돌아오는 것이다.

> You can't connect the dots looking forward; you can only connect them looking backwards. So you have to trust that the dots will somehow connect in your future. You have to trust in something — your gut, destiny, life, karma, whatever, because believing that the dots will connect down the road will give you the confidence to follow your heart, even when it leads you off the well-worn path. And that will make all the difference.
> - Steve Jobs

번역

앞을 보며 점들을 이어 나갈 수는 없습니다. 지나고 나야 비로소 과거를 돌아보며 점들을 연결할 수 있습니다. 그러므로 자신이 지나온 삶의 지점들이 미래에 어떻게든 연결될 것이라고 믿어야 합니다. 소신을 가져야 합니다. 내면의 소리, 운명, 인생, 업보, 그것이 무엇이든지 간에. 왜냐하면 점들이 결국 이어질 것이라는 믿음이 자신의 마음을 따를 수 있는 용기를 줄 것이기 때문입니다. 그로 인해 안정적인 진로에서 벗어나게 될지라도. 그리고 그것이 변화를 가져올 것입니다.
- 스티브 잡스

오래지 않아 업무 관련 용어에 익숙해지면서 사무실 내에서는 영어를 듣고 말하는 것도 수월해졌다. 하지만 한 가지 어려움이 쉽게 사라지지 않았다.

"Kye Joon, why are you so quiet today?"

번역 "계준 씨, 오늘 왜 그렇게 조용해요?"

회식 자리에서 팀장이 나에게 묻곤 했다. 사무실에서와 다르게 입을 거의 열지 않는 나의 모습이 이상해 보였나 보다.

나는 동료들이 빠르게 주고받는 대화에 낄 수가 없었다. 무슨 얘기가 오가는지 또렷이 알아듣지 못했다. 간혹 내용을 이해하더라도, 하고 싶은 말을 선뜻 입 밖으로 꺼내지 못했다. 같은 말을 누군가 먼저 했을지 모르기 때문이었다. 다 같이 웃을 때 눈치껏 따라 웃는 것이 내가 할 수 있는 최선이었다. 속마음으로는 어서 회식이 끝나기만을 기다렸다. 다행이 회식이 잦지는 않았다.

4
블레이크(Blake)의 연설

 나는 한국 영화를 좋아한다. 단지 내가 한국인이라서 그런 걸까. 아마도 감정 이입이 더 잘 되는 것 같다. 어쩌면 약간의 향수병을 앓고 있는지도 모른다. 그런데 최근에 미국 영화 한 편이 나의 눈길을 끌었다.

 제임스 폴리(James Foley) 감독의 영화 「글렌개리 글렌 로스(Glengarry Glen Ross)」. 부동산 세일즈맨들이 겪는 실적에 대한 압박과 경쟁 심리를 그린 작품이다. 1992년 개봉 당시 알 파치노(Al Pacino), 케빈 스페이시(Kevin Spacey), 알렉 볼드윈(Alec Baldwin) 등 화려한 출연진과 그들의 명연기로 화제를 모았다. 원작은 극작가 데이비드 마메트(David Mamet)의 동명 희곡이다. 1983년 런던에서 초연되었으며, 이듬해 퓰리처상(Pulitzer

Prize) 수상작으로 선정되는 등 호평을 받았다.

내가 이 영화를 알게 된 것은 2016년 가을 어느 금요일이었다. 열흘간의 아시아 출장을 마치고 뉴욕으로 돌아온 다음 날, 오랜만에 직장 동료이자 절친한 친구 알렉스(Alex)와 점심을 나눌 때였다. 주말 계획을 이야기하다가 알렉스는, 시차 때문에 집에서 쉬겠다고 말한 나에게, 주말에 볼만한 영화 몇 편을 추천해 주었다. 그 중 첫 번째가 「글렌개리 글렌 로스」였다. 극 중 알렉 볼드윈이 세일즈의 "에이비시(ABC)", 즉 세일즈의 기본 원칙을 설파한다며 그의 연설을 가장 인상 깊은 장면으로 꼽았다.

나는 점심을 마치고 사무실로 돌아오자마자 인터넷 검색을 했다. 알렉 볼드윈이 연기한 블레이크(Blake) 역은 이 영화 전체에 대한 나의 호기심을 자극하기에 충분했다. 블레이크는 초반부에 7분가량 단 한 차례 등장하지만, 그 짧은 시간에 비해 존재감은 가히 독보적이다.

영화를 조금 들여다보자.

폭우가 내리친다. 중절모를 쓴 중년 남성이 서류 가방을 머리 위로 든 채 발걸음을 재촉한다. 그의 이름은 셸리 르빈(Shelley Levene)이다. 그는 길 건너 건물 안으로 향한다. 현관 앞에 주차되어 있는 비엠더블유(BMW)가 그의 시선을 끈다.

카메라가 사무실 출입문을 비춘다. 밖에서는 빗소리가

요란하다. 셸리가 문을 열고 들어온다. 그는 모자를 벗어 빗방울을 털어 내며 묵묵히 자리로 향한다. 옆자리에서는 그의 동료 조지 애러노우(George Aaronow)의 음성이 들려온다. 자신이 팔아야 하는 부동산을 한 여성이 살 뻔했는데 아쉽게 무산되었던 모양이다. 멀리 보이는 방 안에서는 다른 두 명의 남성이 대화를 나누고 있다. 존 윌리엄슨(John Williamson)과 블레이크다.

조지는 모든 것이 마음에 들지 않는다고, "리드(lead)"만 있으면 되는데 회사에서 그걸 제공해 주지 않는다고 불만을 토로한다. 셸리는 말없이 책상을 정리하고 있다. 그때 "저 BMW 누구 차야?"라고 하며 등장하는 또 다른 중년의 남성, 그는 데이브 모스(Dave Moss)다. 조지, 셸리, 데이브는 모두 부동산 세일즈맨이다.

블레이크와 존이 방에서 걸어 나온다.

"Let me have your attention for a moment."

[번역] "잠깐 주목해 주세요."

카메라가 블레이크의 상체를 클로즈업한다. 느긋하고 여유로운 몸짓, 한 치 흐트러짐 없는 옷깃, 매끈하게 빗어 넘긴 머리, 도도하고 날카로운 눈빛.... 그는 피우고 있던 담배를 끄며 천천히 입을 연다. 순간, "자비의 임무(mission of mercy)"를 수행하기 위해 왔다고 외치며 잔인한 질책과 호통을 쏟아 낸다. 직원들의 이목을 순식간에 집중시킨다.

잠시 후 그는 한 달간 진행되는 세일즈 콘테스트(sales

contest)의 시작을 알리고, 상품을 소개한다. 1등은 고급 자동차 캐딜락 엘도라도(Cadillac Eldorado). 그런데 2등은 고작, 스테이크 나이프. 그리고 즉시 뒤따르는 충격적인 선언.

"Third prize is you're fired."

번역 "3등은 해고입니다."

이후 블레이크는 직원들의 인격을 짓밟는 폭언을 서슴지 않는다. "리드(lead)가" 나쁘다고 불평만 하는 직원들에게 가하는 통렬한 일침에 내 가슴까지 뜨끔거린다. 자기 차가 BMW라는 등 노골적으로 비아냥거리기도 하지만, 그조차도 어째 상당히 적절하게 들릴 정도다.

이어 블레이크가 칠판을 뒤집어 보여 주는 세 개의 단어.

    A   always
    B   be
    C   closing

그리고 한 단어씩 힘을 주어 읊는 대사.

"A, B, C."

번역 "에이, 비, 시."

"A, always. B, be. C, closing."

번역 "에이, 항상. 비, 하라. 시, 클로징."

"Always be closing."

> 번역 *"항상 클로징 하라."*
> *"Always be closing!"*
> 번역 *"항상 클로징 하라!"*

부동산 거래는 '클로징(closing)'이라는 절차로 완료된다. 매매 대금을 지급하고 소유권을 이전하는 등의 작업이 이에 해당한다. 다른 종류의 딜(deal: 거래)에서도 계약의 종결, 즉 거래의 마지막 단계를 가리킨다. 따라서 클로징이란 일반적으로 '최종 목표의 달성'을 뜻한다. 축구에서 골을 넣고 골 세리머니를 하듯이, 부동산 매매나 투자 등이 성공적으로 마무리되면 클로징 파티(closing party)를 열어 함께 축하하기도 한다.

블레이크의 연설은 오로지 딜 클로징(deal closing), 즉 눈에 보이는 결과만을 중시하라는 것으로 들린다. 이윤 추구를 목적으로 하는 부동산 회사의 입장에서 보면 당연한 요구라고 할 수 있을지 모른다. 딜의 성사 여부가 경영 실적에 직접적으로 영향을 주기 때문이다. 하지만 부동산 거래에서 클로징이 다는 아니다. 고객이 필요로 하는 것을 파악하고, 그에 적합한 정보와 서비스를 제공하고, 고객과 신뢰를 쌓아 나가고… 이러한 중간 과정이 클로징 자체만큼이나, 아니 그 이상으로 중요하다. 무슨 일이든 과정이 없는 결과는 없지 않은가. 다만 올바른 과정이 언제나 원하는 결과를 보장하지는 않는다. 뚜렷한 목적의식과 포기하지 않는 끈기가 더해져야 의미 있는 결승골을 만드는 법이다. 이것이 블레이크가 연설을 통해 강조하는 정신일 것이다.

　블레이크가 활용하는 당근과 채찍 또한 주목할 만하다. 고급 자동차를 상품으로 내걸기도 하지만, 네 명 중 낙오자 두 명은 쫓아낸다니 가혹한 극약 처방에 가깝다. 당장 생계가 걱정인 직원들에게는 더더욱 그렇다. '해고'라는 채찍은 그에 버금가는 어떠한 대단한 당근도 무색하게 만들어 버린다. 말하자면 직원들을 움직이는 주요 동기는 실직에 대한 두려움이다. 고급 자동차를 손에 넣을 수 있다는 희망은 부차적인 요인일 뿐이다. 이는 이익보다 손실에 더 민감하게 반응하는 인간의 심리와 연관이 있다. 이를 행동 경제학(behavioral economics)에서 손실 회피(loss aversion) 경향이라 부른다. 당근과 채찍이 예기치 않게 바람직하지 않은 행동을 유발하기도 한다. 영화에서도 궁지에 몰린 직원들이 부정을 저지르는 부작용을 엿볼 수 있다.

　이 영화는 나를 부동산 컨설팅 회사인 C 사에서 일하던 시절로 되돌려 보냈다. 당시 직장 생활이 투영되는 듯한 요소들을 담고 있기 때문이다. C 사도 영업이 많이 요구되는 조직이었다. 우리 팀에서도 매주 영업 전략 회의를 했고, 극 중 세일즈맨들처럼 잠재 고객에게 콜드콜을 했다. 그리고 무엇보다 리드(lead). 영화 속에서 주인공들은 모여 앉기만 하면 리드 타령을 한다. C 사에서도 비슷한 대화가 자주 오갔다.
　리드란 영업 활동의 대상, 즉 미래에 고객이 될 가망이 있는 잠재 고객 혹은 그에 대한 정보이다. 우리가 접하는 정보 중에서도 양질의 정보가 있듯이, 리드 중에서도 딜 클로징(deal closing)으로 연결될 가능성이 높은 양질의 리드가 있다. 앞서 본 영화에서는 그런 고급 리드에 '글렌개리 리드(Glengarry lead)'라는 이름을 붙였다. 세일즈맨이라면 누구나 글렌개리 리드를 원할 것이다. C 사에서도 그랬다.

5
결정적 전환점

2005년 초여름. 내가 C 사에 입사한 지 1개월쯤 되던 날. 팀장이 나에게 특별 임무를 부여했다.

"I need you to join me on the Pfizer project."

[번역] "화이자 프로젝트에 참여하세요."

미국계 제약 회사인 화이자(Pfizer)는 한국 법인의 사옥 이전을 위해 C 사로부터 컨설팅을 받고 있었다. 화이자는 C 사의 중요한 고객사였다.

당시 한국 화이자 제약은 서울 광장동 주택가에 본사와 공장을 소유하고 있었다. 하지만 시설이 낡고 공간이 무지 협소했다. 직원을 더 이상 추가로 수용할 수 없는 지경에 이르러 있었다. 앞으로 사업을 확장하기 위해서는 최우선적으로 새로운 사옥을 매입해야 했던 것이다.

며칠 후 팀장과 나는 한국 화이자 제약을 방문했다. 중년의 터키(Turkey) 출신 사장이 우리를 맞이했다. 그는 유창한 웅변으로 신사옥 매입 프로젝트에 대한 강한 의지를 보여 주었다.

'그렇다면 어떤 건물이 화이자의 사옥으로 적합할까?'

사장은 한 가지 필수 조건을 내세웠다. 을지로, 테헤란로, 여의도와 같은 서울의 중심 업무 지역에 있는 고층 건물이어야 한다고 했다. 그리고 그는 필요한 사무 공간 면적을 대강 계산하여 보여 주었다. 그 이외에는 구체적인 기준이 없었다. 몇 가지 의문점에도 불구하고 나는 지체 없이 작업에 착수하기로 했다. 한국 화이자 제약의 사옥 문제는 누가 보아도 심각하다고 할 만했기 때문이다.

우선 부동산 업계의 지인들을 찾아가 도움을 청했다. 부동산 시행사에서 일할 때 알게 된 분들이었다. 그중 두 명이 대형 오피스 빌딩 매매를 해 봤다며 각별한 관심을 보였다. 한 명은 작은 금융 자문사를 운영했고, 한 명은 부동산 컨설팅업에 종사했다. 그들 둘은 각각 나에게 오피스 빌딩 매물 정보를 보내오기 시작했다. 그리고 상업용 부동산 매매를 전문으로 하는 브로커(broker: 중개인)들 몇 명에게 나를 소개하기도 했다. 나는 그 브로커들을 통해 또 다른 브로커들도 만날 수 있었다. 그런 식으로 브로커들과의 인맥이 넓어지면서 오피스 매물에 대해 보다 많은 정보를 입수할 수 있었다. 이것이 화이자 프로젝트를 수행하는 출발점이 되었다.

한편 화이자에서는 매주 전화와 이메일로 나에게 경과를 물었다. 각각의 매물에 대해 전문가로서의 소견도 함께 요청했다. 말은 안 했지만, 사실 그때까지 나는 오피스 빌딩을 '사고파는 대상'으로서 접해 본 적이 한 번도 없었다. 건축학도였던 대학 시절에는 건축 공간의 디자인과 기능, 건축물의 시공법과 구조 역학 등에 관한 교육을 받았을 뿐이었다. 졸업 후에는 건설사와 부동산 시행사를 거치면서 아파트 개발 사업을 경험했을 뿐, 오피스 빌딩에 대한 지식은 전무하다시피 했다.

따라서 연일 야근을 하며 브로커들이 보내온 자료를 꼼꼼히 들여다보고, 오피스 빌딩 매매에 중요한 요소들을 독학으로 두루 섭렵해 나갔다. 오피스 빌딩의 가치가 임차인으로부터 임대료를 얼마나 받느냐에 따라 달라진다는 상식적인 사실조차도 처음 깨닫게 되었다. 그리고 오늘의 1만 원이 내일의 1만 원보다 더 큰 가치를 가진다는 '화폐의 시간 가치(time value of money)', 타인 자본(차입금 등)을 지렛대로 삼아 자기 자본 수익률을 높이는 소위 '레버리지(leverage) 효과', 투자 수익률을 나타내는 지표인 '내부 수익률(IRR: internal rate of return)' 등을 이해하게 됐다. 부동산의 가치를 평가하는 세 가지 방법인 수익 환원법(DCF: discounted cash flow), 원가법, 거래 사례 비교법을 익히기도 했다. 어느덧 내 손으로 작성한 오피스 빌딩 분석 보고서가 책상 위에 잔뜩 쌓였고, 나는 위치와 규모 등 기본적인 정보만 가지고 건물의 적정 가격이 대략 얼마인지를 판단할 수 있게 되었다.

그러나 화이자의 기대에 부합하는 건물은 쉽사리 나타나지 않았다. 대부분 위치나 규모가 만족스럽지 않거나 가격이 비싸다는 이유 때문이었다. 간혹 위치와 규모가 적당하고 가격도 합리적이면 건물이 너무 낡아서 "패스(pass)"였고, 건물의 관리 상태까지 괜찮으면 또 다른 문제가 발목을 잡았다. 한번은 주차장이 좁다고 했고, 한번은 층별 바닥 면적이 더욱 넓었으면 좋겠다고 했다. 화이자는 정말 까다로운 고객사였다.

화이자 프로젝트에 참여한 지 두 달째 접어들 무렵, 화이자의 담당자로부터 이메일이 왔다. 그 즉시 팀장이 내 이름을 크게 외치며 뛰어와 나에게 하이 파이브(high-five)를 했다. 드디어 화이자가 서울 강남에 위치한 한 빌딩이 마음에 든다고 했던 것이다. 금융 기관인 D 사가 사용하고 있는 건물이었다. 팀장의 얼굴에 미소가 가득했다. 평소에 무관심하던 동료들도 슬며시 나에게 다가와 무슨 일이 있었는지 물었다.

나는 해당 매물을 소개한 브로커 A 씨에게 전화를 걸었다. 건물주의 매각 의사를 다시 확인하기 위해서였다.

"강남 D 빌딩 매입 가능하다고 하셨죠?"

"네, 그럼요."

"틀림없죠?"

"그렇다니까요. 제가 건물주 조카와 연줄이 닿거든요. 매수인이 누구입니까?"

"외국계 제약 회사에서 사옥을 찾고 있어요. 이름은 알려 드릴 수 없구요."

"평당 1,200만 원 주면 살 수 있습니다. 사옥으로 아주 괜찮아요. 대로변에 있고 전철역도 바로 앞에 있으니...."

"매수인을 이미 찾았을지도 모르니까 매입 가능 여부부터 다시 확인해 주셨으면 해요. 건물 내부 좀 둘러볼 수 있게 일정 잡아 주시구요."

"확실하다니까 그러시네. 매수인 이름 알려 줄 수 없어요?"

"우리 회사 고객사인데, 사옥 이전 계획이 외부에 알려지는 걸 원치 않고 있어요."

다음 날 아침. 브로커 A 씨로부터 연락이 왔다. 대략 이런 말이 오갔다.

"이 과장님, 열흘 후에 건물 방문 가능합니다."

"좋아요. 잘됐네요."

"근데 매수 의향서 보내 주실 수 있습니까?"

"매수 의향서요? 아직 그 단계는 아닌 것 같은데요."

"건물주가 매수인 신분을 확인하고 싶어 합니다. 사기꾼들이 하도 많아서...."

"큰 제약 회사인데요... 어제 말씀드렸듯이 사옥 이전 계획이 알려지는 걸 원치 않아요. 우리 회사가 전속으로 대행하고 있으니까... 제가 매수인이나 다름없는 거 아닌가요?"

"무슨 말인지는 알겠는데... 그래도 건물주 만나시면 그 제약 회사 이름을 알려 주셔야 할 겁니다. 아무튼 근처 건물에서 건물주와 면담부터 하고, D 빌딩으로 같이 이동합시다. 장소는 제가 문자로 보내 드릴게요."

열흘 뒤. 강남 D 빌딩 부근 한 건물의 회의실 문 앞에 다다랐다. 시끌벅적하게 떠드는 소리가 새어 나오고 있었다. 나는 잠깐 멈춰 섰다가 천천히 출입문을 열었다. 낯선 사람들 여럿이 보였다. 내가 들어서자 모든 시선이 일제히 나에게 쏠렸다. 나는 담담히 걸어 들어갔다. 나에게 D 빌딩을 소개한 브로커 A 씨는 건너편 구석에 있었다. 나는 그 옆으로 가서 앉았다. 방 안에는 침묵이 흘렀다.

"어느 분이 건물주에요?"

내가 속삭이듯 묻자 A 씨가 머뭇거렸다. 나는 그의 몸짓에서 무언가 잘못 되었음을 직감했다.

역시나 그의 대답은 실망스러웠다. 어떻게 된 사정인지 그곳에는 A 씨를 포함하여 총 다섯 명의 브로커들뿐이었다. 건물주의 행방을 아는 사람은 한 명도 없었다.

자초지종을 들어 보니 이랬다. 브로커 A 씨는 브로커 B 씨를 통해 D 빌딩 매각 정보를 접했다. 그런데 그 부동산 매물을 찾아낸 사람은 B 씨가 아니었다. B 씨는 다른 브로커 C 씨로부터 전해 들었던 것이다. 사연은 거기서 끝나지 않았다. C 씨 앞에 또 다른 브로커 D 씨가 있었고, D 씨 앞에는 브로커 E 씨가, E 씨 앞에는 브로커 F 씨가 있었다. 그리고 F 씨가 E 씨에게 건물주 조카를 잘 안다고 했다는 것이다. 그날 F 씨는 이름만 거론될 뿐 끝내 나타나지 않았다.

"그렇다면 D 빌딩 매각 계획은 브로커 F 씨가 지어낸 허위 사실이란 말입니까?"

나의 질문에 누구도 답을 하지 못했다. 확실한 건 건물주의 매각 의사를 아무도 확인할 수 없었다는 것이었다. 건물주 조카는 브로커 F 씨가 지어낸 상상 속의 인물일 가능성이 농후했다. 그야말로 웃지도 울지도 못할 상황이었다.

나는 터벅터벅 사무실로 돌아왔다. 내가 자리에 앉기도 전에 팀장이 다가와 물었다.

"How did it go?"

번역 "어떻게 됐어요?"

내가 결과를 보고하자 팀장의 안색이 굳어졌다. 나는 자책감의 무게에 짓눌려 버렸다.

'무엇을 근거로 브로커 A 씨의 말을 그냥 진실이라고 단정했던 것일까.'

내 눈동자에 붉게 타오르던 의욕의 불꽃마저 어느새 초라해졌다. 열의를 쏟아부었건만, 그 열의가 부작용만 낳았기 때문이다.

그날 저녁 나는 친구를 불러내 소주를 연거푸 들이켰다.

다음 날 오전, 같은 팀 선배가 말을 걸어왔다.

"너무 신경 쓰지 마."

"네?"

모르는 척 되물었지만 그가 어제 일을 이야기하고 있다는 것을 알고 있었다.

"팀장한테 핀잔 듣는 거 다 봤어."

그는 내 어깨를 한 번 툭 치며 말했다. 그러고 잠시 생각하더니 천천히 입을 뗐다.

　화이자는 2년 동안이나 이 건물 저 건물 잇따라 "간만 보고" 결정을 못 내렸단다. 무엇보다 화이자의 가격 기대치가 말이 안 되기 때문이라는 것. 우리 팀원들 전부가 나서서 시도해 보다가 내버렸던 거란다. 그는 고개를 절레절레 흔들며 말을 잇는다. 회사 입장에서 화이자가 중요한 고객사인 건 사실이지만, 그렇다고 우리가 시간을 허비할 수는 없는 거라고. 그래서 팀장이 혼자 끙끙대고 있었던 프로젝트였다고. 그런데 팀장은 한국말을 못하니 뭘 얼마나 해낼 수 있겠냐며 비웃는 듯한 말투다.

　나는 무슨 표정을 지어야 할지 망설여졌다.

　그는 단호한 어조로 결론을 밝혔다. 화이자 프로젝트는 어차피 안 될 일이라는 것이었다.

　아뿔싸!

　굵직한 프로젝트가 나한테까지 굴러떨어진 데에는 그럴 만한 이유가 있었던 거였다. 그러나 나는 더 이상 낙심하지 않았다. 도리어 마음이 편해졌다. 얼떨결에 중차대한 임무를 맡고서 한동안 짊어졌던 부담감을 내려놓을 수 있었다. 그러자 현실을 다른 각도에서 바라보게 되었다. 비록 나는 모두가 실패할 거라고 믿는 프로젝트를 떠맡았지만, 역설적으로 내가 실패의 막다른 골목에 막혀 있는 것은 아니라는 점을 깨달은 것이다. 실패가 당연시된다면 성패의 갈림길에서 심판을 받을 일도 없지 않겠는가. 다들 외면한 프로젝트였다는 낙인은 오히려 희망의 상징이기도 하다. 내 앞에 열린 길은 어쩌면 아무리 험난할지언정 결국 성공으로 이어질 수밖에 없으리라. 그렇게 그림자가 아닌 빛이 보이기 시작했다. 그 순간이 나에게는 결정적인 전환점이었다.

광장동에서 본 광경을 떠올려 보니, 사옥 문제에 대한 대책 마련이 분명 시급했다. 나는 다시 소매를 걷어붙였다.

6
블러핑 게임(bluffing game)

　경제학자 조지 애커로프(George Akerlof)는 1970년 발표한 논문 「레몬을 위한 시장: 품질의 불확실성과 시장 메커니즘(The Market for Lemons: Quality Uncertainty and the Market Mechanism)」에서 '정보의 비대칭(asymmetry of information)', 즉 거래의 당사자 가운데 한쪽이 다른 쪽보다 더 많은 정보를 갖고 있는 상태가 상품의 품질을 악화시킨다고 주장했다. 그는 다음과 같이 중고차 시장을 예로 들어 설명했다.

　중고차 판매자는 자신의 차가 겉보기에만 쓸 만해 보이는 불량 중고차('레몬')인지 결함이 없는 정상적인 중고차('복숭아')인지 알고 있다. 반면, 구매자는 레몬과 복숭아를 정확히 구별해 낼 수 없다. 레몬 판매자는 복숭아 판매자에 비해 낮은 가격을 부르고, 구매자는 저렴한 가격에 이끌려 레몬을 선택한다. 구매자가 제값을

쳐주지 않으니 복숭아 판매자는 시장에서 떠나고, 레몬 판매자만 남게 된다. 이렇게 복숭아 수가 점점 줄어들고 레몬 수가 늘어나면서 중고차의 시장 평균 가격이 떨어진다. 구매자가 기대하는 적정 가격선도 덩달아 내려간다. 그에 따라 더 많은 복숭아 판매자가 없어지고 상대적으로 레몬 수가 증가하는 악순환이 거듭된다. 결과적으로 구매자는 주로 레몬을 구매할 수밖에 없게 된다. 애초에 정보가 부족하여 바람직한 선택을 하지 못할 확률이 높아지는 것이다. 이를 '역선택(adverse selection)'이라고 한다.

부동산 거래에도 정보의 비대칭에서 기인되는 역선택이 작용한다. 부동산 시장은 증권 거래소와 같은 공개 시장이 아니기 때문에 더욱 그렇다. 일반적으로 양질의 정보를 구하고 거래 상대를 찾기 위해 투자자는 브로커에게 도움을 받기 마련이다. 그런데 모든 브로커가 뛰어난 능력을 가진 것은 아니다. 자신의 기량을 부풀리고 거짓을 남발하는 브로커도 있다. 다시 말해 부동산 시장에도 중고차 시장처럼 '복숭아'와 '레몬'이 공존한다. 따라서 중고차 시장의 예를 부동산 시장에 적용해 볼 수 있을 것이다.

유능한 브로커('복숭아')와 무능한 브로커('레몬')가 한 투자자를 각각 찾아왔다고 가정하자. 그 둘은 투자자에게 같은 건물의 사진을 보여 주며 훌륭한 투자처라고 소개한다. 복숭아는 실제로 건물주가 부르는 가격을 제시하고, 레몬은 그보다 훨씬 싼 가격을 제시한다. 복숭아는 건물주와 이미 면담까지 마쳤다. 레몬은 건물주를 만난 적이 없으면서도 건물주와 친한 사이라고 거짓으로 둘러

댄다. 투자자는 어느 브로커를 통해 거래를 시도할까? 좋은 가격에 매입하려 할 테니, 으레 레몬을 택할 것이다. 이야기만 들어서는 브로커의 진실성을 충분히 파악할 수 없기 때문이다. 투자자가 외면하니 복숭아 브로커는 투자자를 다시 찾지 않고, 레몬 브로커만 투자자를 찾는다. 그러면 투자자는 레몬 브로커들을 통해 허위 정보에 노출될 공산이 커진다. 이렇게 부동산 시장에도 역선택 현상이 발생한다.

나도 역선택의 함정에 빠졌던 것일 수 있다. 강남 D 빌딩에 대해 거짓말한 브로커들 몇의 문제가 아니었던 것이다. 내가 만난 브로커 대부분은 자신이 건물 소유주의 지인 혹은 친척이라며 자기만 아는 매물이 있다거나, 정부 고위 인사와 친분을 이용하여 서울 한복판의 우량 오피스 빌딩을 헐값에 취득하도록 도울 수 있다고 했다. 그것은 마치 포커(poker) 판에서 볼 수 있는 '블러핑(bluffing)'과 흡사해 보였다. 포커꾼이 좋지 않은 패를 들고 있으면서 패가 좋은 척 큰돈을 거는 것처럼, 브로커들은 우월한 정보가 없으면서 있는 척 큰소리를 치는 것 같았다. 포커 놀이의 블러핑은 상대를 기권시키기 위한 전략이라지만, 브로커들의 블러핑은 매수인의 관심을 끌기 위한 속임수에 지나지 않는다고 나는 생각했다. 브로커들은 매수인부터 찾고 나서, 그것을 구실로 건물주에게 접근하여 매각 의사를 타진하려는 속셈이 있는 게 틀림없었다. 매수인인 화이자의 대리인으로서 나는 브로커들을 통해 매물을 찾으려고 했다. 알고 보니 오히려 브로커들이 그런 나를 이용하여 매물을 찾으려 했던 것이다.

언젠가부터 나는 도무지 브로커들을 신뢰할 수 없었다. 따라서 그들과 대화할 때는 그들의 눈빛과 몸짓을 관찰하고, 청문회에서 심문하듯 묻고, 똑같은 질문을 다시 한번 던져 보고, 제삼자를 통해 그들의 얘기가 진짜인지 알아보기도 했다. 그들의 정보가 얼마나 믿을 만한가에 대해 면밀히 검토하고 판단하려 했던 것이다. 그것은 정보가 부족한 자가 역선택의 근본 원인인 정보의 비대칭을 완화하는 수단이다. 경제학자들은 이를 '선별(screening)'이라고 부른다.

눈에는 눈 이에는 이, 나는 블러핑을 블러핑으로 맞받아치기도 했다.

"건물주 진짜 아시면 미팅부터 잡아 주세요. 건물 팔 생각이 있는지 제가 직접 물어보고 싶습니다. 거짓말이면 앞으로 거래 안 합니다."

거짓말이면 거래를 끊겠다는 말은 거짓말, 곧 블러핑이었다. 내가 브로커들의 속내를 완벽히 들추어낼 수 없으니 그들이 스스로 솔직해지도록 유도하자는 취지였다. 또 한 번 브로커에게 속아 시간을 낭비하는 사태를 미연에 방지하고자 했던 것이다. 그러자 자주 연락해 오던 브로커들 상당수가 소식이 뜸해졌다. 자신이 '레몬'이었다는 것을 인정이라도 하듯. 역선택을 피하기 위한 내 나름의 묘책이 실효를 거둔 것인지도 모른다.

몇 명은 건물주가 매수 의향서를 요구한다며 공을 다시 나한테

넘겼다. 매수 의향서는 매수인이 특정 부동산에 대하여 매매 협상에 참여할 의향을 표시하는 서류이다. 법적으로 구속력을 지닌 문서는 아니다. 그러므로 과도한 요구가 아니라고 브로커들은 목소리를 높였다. 나는 무엇보다도 건물주와 미팅하는 것이 선행되어야 한다고 강경한 입장을 고수했다. 고객사인 화이자가 미리부터 매수인으로서 알려지는 것을 원치 않았기 때문이다. 그 후로는 일이 더 이상 진전되지 않았다.

한동안 블러핑 게임만 반복되면서 적잖은 시일이 지났다. 건물주와 만나게 해 달라는 나의 주문은 단 한 번도 제대로 받아들여지지 않았다. 건물의 매각 가능성을 확인할 수 있는 경우가 한 번도 없었던 것이다. 결국 나는 내가 직접 건물주들을 찾아가야겠다고 다짐했다. 이것이 내 인생의 두 번째 콜드콜로 이어졌다.

화이자는 서울의 중심 업무 지구에 사옥을 장만하고자 했다. 막상 확인해 보니 해당 지역에 위치한 오피스 빌딩 중 화이자의 면적 조건을 만족시키는 건물은 열네 개에 불과했다. 그동안 수집한 자료를 정리하여 목록을 만들어 볼 수 있었다.

나는 우선 그 열네 개 건물의 건물주들을 찾아 나섰다. 보험사 등 기관이 보유한 건물은 담당 직원과 전화 통화를 할 수 있었다. 하지만 개인이 소유한 건물은 주인을 만나기가 어려웠다. 등기부 등본에 적힌 소유주 주소지로 찾아가 초인종을 누르고, 다음 날은 대문 앞에서 한참을 기다리고, 며칠 동안 아침저녁으로 출퇴근하다시피 하고, 명함과 쪽지를 현관 밑에 놓고 와도 소용없었다. 나는 건물주들이 굉장히 '비싼 몸'이라는 것을 금방 깨달을 수 있었다.

당시 서울 오피스 시장에는 국내외 자본이 빠르게 유입되고 있었다. 미국, 유럽 등에서 들어온 사모 펀드가 대형 빌딩을 사들였고, 국내 투자사들도 매입 경쟁에 적극 뛰어들었다. 1997년 외환 위기 이후 경기 회복과 더불어 사무실 수요가 증가 추세였기 때문이다. 그에 비해 신규 공급 물량이 부족하여, 향후 몇 년간은 공실률이 떨어지고 임대료가 오를 것으로 전망되었다.

이처럼 매도인에게 압도적으로 유리한 '매도인 우위 시장(seller's market)'에서 매도인인 건물주가 적절한 매수인을 찾는 것은 시간문제였다. 내로라하는 큰손들도 오피스 빌딩을 사기 위해 줄을 서는 형국이었다. 역선택의 관점에서 본다면, 건물주들이 선별의 '주체'로서 거래 상대를 까다롭게 고르는 게 당연했다. 반면 매수인의 대리인인 나는 수없이 넘쳐 나는 선별의 '객체' 중 하나에 불과했던 것이다. 더군다나 건물주들은 내 뒤에 숨겨진 매수인이 누구인지 알 도리가 없었다. 그래서 나를 기준 미달로 분류해 버렸던 모양이다. 이는 수개월간 건물주들을 만나기 위해 발로 뛴 끝에 비로소 알아차린 사실이었다.

"How come you can't find us any office properties to purchase in such a large city like Seoul? There should be opportunities evcrywhere."

번역 "이렇게 큰 도시 서울에서 오피스 빌딩 매물을 전혀 못 찾는 게 말이 됩니까? 기회는 어디에나 있는 법이잖아요."

고객사인 화이자는 차츰 인내력을 잃어 가는 중이었다. 그들의 말에는 여차하면 사옥 매입 용역을 타 컨설팅사에도 공동으로 의뢰해 보겠다는 의도가 깔려 있었다. 나는 화이자라는 매수인의 이름을 건물주들에게 알려 주지 않으면 여러 컨설팅사를 쓴다고 뾰족한 수가 생기지 않을 거라고 주장했다. 우량 오피스를 매입할 자금력, 즉 딜 클로징(deal closing)의 확실성을 매도인에게 보여 주고 경쟁자를 물리쳐야 한다고 강조했다.

수차례 설득 끝에 나의 제안이 수락되었다. 화이자는 사옥을 매입하려는 계획을 공개하기로 하고, 문서 한 장을 나에게 보내왔다. 내가 화이자 사옥 매입 프로젝트의 책임자임을 증명하는 위임장이었다.

나는 화이자 위임장 사본을 양복 안주머니에 항상 넣고 다니면서 매수인이 화이자임을 증명하는 증표로 사용했다. 그러자 그때까지 모습을 드러내지 않던 건물주들과 한 명씩 연락이 닿기 시작했다. 그러나 아무도 매각 가능성에 대해 시원한 답변을 주지 않았다. 당장 표면적으로는 안타까운 결말 같았다.

실상은 희소식이었다. 그로 말미암아 화이자도 현실을 자각하고 활로를 뚫기 위한 조치를 취했다. 사옥에 대한 조건을 완화하여 규모가 다소 작거나 필요 이상으로 큰 건물도 고려하기로 한 것이었다. 그러한 빌딩은 총 스무 개였다. 나는 그 스무 개 건물의 소유주들도 직접 찾아가 면담을 이루어 냈다. 그러나 그들도 역시 건물을 매각할 까닭이 없다고 말했다. 그사이 화이자는 사옥의 위치를 서울 중심지에 국한하지 않기로 결정했다. 그 결과 화이자 사옥 후보 빌딩 목록에 100개가 넘는 건물들이 이름을 올렸다.

얼마를 정신없이 걷다 보니 동대문까지 흘러갔다. 정면에 고층 오피스 빌딩이 보였다. 사옥 후보 빌딩 목록 속의 100번 째 건물이었다. 입구에서 망설이다 용기 내어 들어갔다.

인상 좋은 건물주가 반갑게 맞아 주기는커녕 험하게 얼굴을 일그러뜨린 경비원이 나를 위아래로 훑었다. 나는 건물 주인을 만나려면 어디로 가야 하느냐고 물었다. 경비원은 잘 모른다며 손을 휘휘 내저었다. 나는 그의 시야에서 벗어나려고 애를 썼다.

관리 사무소는 지하 주차장 한쪽 구석에 위치해 있었다. 서너 차례 문을 두드렸지만 인기척이 없었다. 한동안 서성이니 관리소장으로 보이는 남자가 나타났다. 내가 건물주를 만나러 왔다고 하자 남자는 의혹의 눈길로 나를 쏘아보았다. 용건이 뭐냐는 남자의 질문에 나는 건물주가 건물을 매각할 의향이 있는지 궁금하다고 답했다. 남자는 한마디 내뱉으며 문을 쾅 닫고 들어가 버렸다.

"중개업자 상대 안 합니다."

남자가 흘린 표정에는 비웃음이 담겨 있었다. 나는 신분을 당당히 밝히며 화이자 위임장을 문 밑으로 밀어 넣었다. 잠시 후 문이 열렸다.

어떤 날은 테헤란로를 따라 방랑하다가, 어떤 날은 광화문 일대를 쏘다녔고, 또 어떤 날은 여의도를 헤매고 다녔다. 사무실로 돌아올 때는 등줄기에 땀이 흥건했다. 어둠이 내리는 저녁 무렵이었지만 늦여름의 아스팔트 열기가 식지 않았고, 벌써 선선한 가을바람이 부는가 싶더니, 눈발이 마구 날리고 찬 바람에 어깨가 절로 움츠러들었다. 명동 거리는 금세 크리스마스 인파로 가득 찼다.

종국에 가서는 화이자가 수용 가능한 가격 수준도 올리기에 이르렀다. 나는 이전에 접촉한 건물주들 모두에게 새로이 연락을 취했다. 그들에게는 시세보다 25% 이상 높은 가격으로 매각할 수 있는 기회였기 때문이다. 그 후로 화이자 프로젝트는 급물살을 탔다. 드디어 긴 터널의 끝이 가까워지는 듯했다. 나는 하루속히 빛을 보고 싶었다. 주말이 오는 게 싫을 정도였다.

내 인생의 두 번째 콜드콜 과정에서 요점을 추려 내면 아래와 같다.

나는 콜드콜에 착수하기 전에 건물주 리스트부터 작성했다. 이는 영화 「글렌개리 글렌 로스」의 세일즈맨들이 집착하던 리드(lead), 즉 콜드콜의 대상을 발굴하는 절차이다. 아무에게나 무작정 전화를 걸어 건물을 파느냐고 묻는 것은 어리석은 노릇이다. 불특정 다수를 겨냥한 콜드콜 전략은 당첨 확률이 사실상 제로에 가까운 복권을 사는 것과 다를 바 없다. 내가 건설사에 취업하기 위해 건설사에 전화하고 방문했듯이, 건물을 사고자 한다면 당연히 건물주를 만나는 것에서 출발해야 한다.

이번 콜드콜에서는 끈기도 중요한 요소였다. 상대방이 원치 않는데도 그냥 쫓아다녀야 한다는 의미는 아니다. 한 번 묻고 단념하기보다는 타이밍에 따라 형편이 달라진다는 점을 유념해야 한다. 화이자가 웃돈을 얹어 주고라도 사옥을 매입하기로 결단했을 때 나는 과거에 만난 건물주 모두를, 매각할 뜻이 없다고 답했던 이들까지도, 다시 찾아갔다. 그들 대다수가 나의 재방문을 환영했고, 그중 몇 명과는 매매 협상을 진행하게 되었다. 앞서 블레이크(Blake)의 연설을 언급한 이유도 바로 여기에 있다. 블레이크가 설파하는 '세일즈의 ABC'가 그러한 포기하지 않는 마음가짐을 반영한다.

콜드콜의 대상을 완벽하게 파악했다고 하여 무조건 끈질기게 전화하거나 방문하는 것이 능사는 아니다. 여전히 정보의 비대칭과 역선택 문제를 간과해서는 안 된다. 나의 콜드콜을 받은 건물주들도 처음에는 나를 굳이 만나려 하지 않았다. 실상 나는 매수인인 화이자의 대리인이었지만, 그들의 눈에 나는 고작 부동산 컨설팅 회사의 직원이었기 때문이다. 내가 화이자 위임장을 내밀자 그제야 그들이 나를 대하는 태도가 바뀌었다. 화이자 위임장이 정보의 비대칭을 줄이고 역선택을 해소하는 데 유효했던 것이다. 이처럼 정보를 가진 자는 '신호 발송(signaling)'을 통해 자신의 속성을 상대방에게 알려야 한다고 경제학자들은 말한다. 먼저 설명한 '선별'만으로는 역선택을 차단하는 데 효과적이지 않다.

그러고 보니 나는 브로커들에 대해 잘못된 편견을 가지고 있었다. 나는 언제나 내가 선별의 주체이고 브로커들은 선별의 객체라고만 착각했던 것이다. 반대로 브로커들의 관점에서는 내가 선별의 객체이고 그들이 선별의 주체일 수 있다는 점을 생각하지 못했다. 내가 브로커들의 블러핑을 믿지 않았듯이 브로커들도 대형 제약 회사가 사옥을 찾고 있다는 나의 말을 믿어야 할 근거는 없었다. 브로커들과 나 사이에도 정보의 비대칭이 존재했던 것이다. 오히려 '복숭아 브로커'들이 나를 '레몬 매수인'으로 취급하고 거래에서 배제한 것인지도 모른다. 내가 브로커들에게 처음부터 신호 발송을 했다면, 즉 매수인의 이름을 공개했다면 이야기가 어떻게 전개되었을까.

7
팀워크(teamwork)에 대한 교훈

C 사에서 나는 기업서비스(Corporate Service)팀에 소속되어 있었다. 사무실 임차, 부동산 매입 및 매각 등에 대해 기업을 대행하고 컨설팅하는 팀이었다. 한국 사무소는 불과 5년 전에 문을 열었지만 화이자(Pfizer), 코닥(Kodak), 머스크(Maersk) 등 유수의 다국적 기업을 고객사로 두고 있었다. 미국 본사의 탄탄한 영업력 덕분이었다.

내가 입사할 무렵 팀장이 변화를 향한 신호탄을 터뜨렸다. 그는 우선 나를 포함하여 두 명을 새로 채용했다. 이로써 팀의 규모가 팀장을 포함하여 총 다섯 명에서 일곱 명으로 늘어났다. 당시 팀장 본인도 부임한 지 얼마 되지 않았으니, 팀의 인원이 단기간에 급증한 셈이었다.

팀장은 이제 시장 점유율을 높여 나가야 한다고 주장했다. 인원을 증강했으니 더 많은 수의 프로젝트들을 동시에 추진할 수 있다는 논리였다. 그리고 그런 목표를 달성하기 위해서는 마케팅이 전제 조건이라며, 팀원들에게 "콜드콜"을 통해 "리드(lead)"를 발굴하라는 특명을 내렸다. 이전에 말했듯이 리드란 마케팅의 대상, 즉 미래에 고객이 될 가망이 있는 잠재 고객 또는 그에 대한 정보다. 영화 「글렌개리 글렌 로스」에서 브로커들은 좋은 리드를 회사에서 제공해 주지 않는다고 불평했다. 그런데 팀장의 제안은 잠재 고객들에게 일일이 전화를 걸어 리드를 스스로 찾아내라는 의미였다. 미국 본사에서 이미 확보해 놓은 고객사에만 의존해서는 매출을 늘리는 데 한계가 있었기 때문이다. 내가 대학 졸업 후 첫 직장을 구하기 위해 건설사 인사 담당자들에게 전화한 과정이 콜드콜이었다는 점을 깨닫는 순간이었다. 그것이 내 인생의 첫 번째 콜드콜이었고, 결과는 대성공이었다. 따라서 나는 팀장의 생각에 공감할 수 있었다.

그런데 나는 콜드콜 업무에서 제외되었다. 나에게 처음 주어진 역할은 리서치(research), 즉 콜드콜을 해야 하는 동료들에게 도움이 될 만한 자료를 수집하고 분석하는 일이었기 때문이다. 하지만 곧 나는 화이자 프로젝트를 맡게 되었고, 얼마 후 콜드콜을 자청했다. 화이자 사옥으로 적합한 빌딩을 찾아내기 위해 빌딩 소유주들에게 건물 매각 의사를 직접 물을 계획이었다. 수십 명의 브로커들을 만나 보았으나, 블러핑 게임이 반복되면서 헛바퀴만 돌았기 때문이다.

나와 같이 입사한 동료도 팀장의 지시 사항을 성실히 따르며 콜드콜에 열심인 것 같았다. 그와는 대조적으로 네 명의 기존 팀원들은 콜드콜의 효과에 대해 회의적이었다. 그리고 팀장이 두 명을 채용한 것에 대해 계속 불만을 토로했다. 본사에서 던져 주는 프로젝트의 수는 고정적인데 팀의 인원수가 많아졌으니, 각자의 수입이 줄어들 수밖에 없다고 못마땅해했던 것이다.

한편 나의 콜드콜은 기대 이상의 성과를 올렸다. 나는 그것이 동료들에게 콜드콜에 대한 의욕을 심어 주는 계기가 되리라 기대했다. 하지만 나의 성공이 동료들에게는 오히려 악영향을 미치는 듯했다. 팀장이 현실성 없는 공허한 이론을 내세우는 것이 아니라는 증거로만 작용할 뿐이었다. 그 이후 팀장은 매주 금요일 회의를 소집함으로써 팀원들에게 분발할 것을 촉구했다. 특히 기존 팀원들을 거세게 몰아붙였다. 그러나 그들은 회의적인 시각을 바꾸려 하지 않았다. 그렇게 그들과 팀장은 사이가 차차 악화되어 나갔다. 결국 기존 팀원들은 하나둘 회사를 떠났다.

C 사의 기업서비스팀은 오랫동안 안정적인 환경에서 운영되어 오고 있었다. 본사를 통해 저절로 수주되는 프로젝트만으로 매출을 올렸고, 그에 따라 팀원들 개개인에게 인센티브가 지급되었다. 회사와 개인의 목표를 동시에 적당히 만족시키는 수준이었을 것이다. 따라서 팀원들이 신규 고객 유치에 노력을 들이지 않아도, 콜드콜을 하지 않아도 지장이 없었다.

기존 팀원들은 그동안 누리던 혜택을 두 명의 신규 팀원들과 공유함에 따라 당장 발생하는 손실에 민감하게 반응한 것이다. 다 같이 협력하여 팀 매출을 늘리면 각자의 인센티브를 보다 많이 벌 수 있다는 가능성은 부차적인 동기에 지나지 못했다. 이는 앞서 소개한 손실 회피(loss aversion) 심리 및 당근과 채찍의 부작용으로 설명될 수 있다. 반면, 나는 그들과 입장이 달랐다. 모두가 외면한 화이자 프로젝트만을 맡고 있었으니 잃을 것이 없었다.

    시간이 지나고 나서야 팀의 일원으로서 나의 행동이 잘못 되었음을 깨달았다. 새로 입사한 직원이었던 나는 변화를 거부하는 동료들의 관성이 회사가 성장하는 데 장애물이라고 판단했다. 그러나 동료들에게 나의 생각을 솔직히 말하지 않고, 묵묵히 내가 책임질 일에만 몰두했다. 만일 다시 기회가 주어진다면, 내가 먼저 마음을 열고 동료들과 힘을 합쳐 공동의 목표를 추구하는 데 앞장설 것이다. 그리고 무슨 일이든 절대 그냥 방관하지 않을 것이다. 주변에서 일어나는 모든 현상은 내 삶의 일부이기 때문이다.

    2006년 6월. 내가 화이자 프로젝트에 착수한 지 약 1년 만에 화이자의 명동 진출이 확정되었다. 그 이야기는 신문에 이렇게 실렸다.

> *한국 화이자 제약은 최근 명동에 위치한 명동 타워의 매입을 완료하고 현 광진구 광장동에 소재한 본사 사옥을 명동 타워로 이전할 것이라고 26일 발표했다. 명동 타워는 15층 건물로 헤럴드 경제 신문사가 사용했다.*

한국 화이자 제약은 최근 국내 임상 연구 투자 확대에 따른 인력 충원 및 신규, 경력 채용 증가에 따라 현 광장동 사옥에서는 더 이상 늘어난 직원 수용이 불가능하다고 판단, 명동 사옥으로 이전을 결정했다. 빠르면 올해 말 본사 직원 510명이 이주할 예정이다. 광장동 공장은 이미 철수가 결정된 상태고, 생산직 근로자의 명예퇴직 협상이 진행 중이다.
한국 화이자 제약 관계자는 "신사옥 매입은 지난 40여 년간 한국 화이자 제약이 한국 기업으로서 한국 사회에서 기여해 온 것처럼 미래에도 장기적으로 한국 사회에 기여하겠다는 의지의 표명"이라고 밝혔다.
- 중앙일보 2006년 6월 26일자

다음 날 아침, 외국계 투자 은행 메OOO에 근무하는 김 부장으로부터 전화가 왔다.
"이 과장님, 해내셨네요! 화이자 기사 봤어요."
"네, 고맙습니다. 잘 지내시죠?"
"예, 잘 지냅니다. 정말 축하해요. 근데 한 가지 궁금한 게 있어요. 화이자가 명동으로 이전하면... 기존 광장동 공장 부지는 매각하기로 한 거에요?"

8
위험한 자신감

나는 내가 자랑스러웠다. 지난 1년여 동안 사면팔방으로 뛰어다닌 끝에 화이자의 사옥 문제를 해결해 냈고, C 사의 매출 확대에 혁혁히 기여했다. 그 공로를 인정받아 과장에서 차창을 건너뛰고 부장으로 특진하는 영예를 안았다. 게다가 본업이었던 리서치 업무는 신입 사원에게 넘겨주고, 투자 자문 팀을 신설했다. 아래에 부하 직원도 두고 상업용 부동산을 사고파는 일에 전력투구하게 된 것이었다.

투자 자문 사업을 확장하기 위해 나는 주로 매수인 편이 아닌 매도인 편에 서서 일하고자 했다. 매도인 우위 시장 상태가 유지됨에 따라, 매도인만 찾으면 매수인을 찾는 것은 시간문제였기 때문이다. 따라서 나는 건물주들로부터 오피스 빌딩 매각 용역을 수주하기 위해 적극적으로 마케팅에 나섰다. 화이자 사옥 매입을 진행하면서 확보하게 된 정보와 인맥이 유용했다. 물론 콜드콜도 계속해 나갔다. 오래지 않아 나는 강남 테헤란로 변에서 큰 거래를 한 건 성사했다. 한편 화이자는 사옥 이전 후에 광장동 부지를 처분하고자 했다. 그 프로젝트도 내가 담당했다. 광장동 부지는 대규모 아파트 단지로 개발이 가능했고, 아파트 분양 시장이 활황을 이어가면서 투자 기관들의 주목을 받았다.

그렇게 나는 우량 부동산을 소유한 재력가와 다국적 기업의 대리인 역할을 계속해 나갔다. 매도인이 거래를 주도하는 시장이었던 만큼 매도인을 대변하는 나 또한 '비싼 몸'이 되었다. 고급 부동산의 매각 과정을 이끌고 매수인을 정하는 데 영향력을 행사하면서 위세를 부렸다. 금융 기관의 투자 책임자, 브로커 등 나를 찾는 사람이 많아졌다. 내가 거는 콜드콜만큼 나에게 걸려 오는 콜드콜도 흔해졌다.

대학 졸업 후 7년을 지나오면서 콜드콜의 양질전화가 실현된 것이었을까. 대형 회계 법인의 재무 자문 사업부에서 스카우트의 손길이 뻗쳐 오기도 했다. 불과 2년 전 직장을 잃고 허덕이던 시절, 인턴사원 채용 서류 전형에서 탈락했던 곳이었다. 다름 아닌 그 조직에 상업용 부동산 거래 전문가로 당당히 영입되었다. 나의 자신감을 더욱 북돋우는 사건이었다. 나는 내가 그동안 얼마나 성장했는지 실감할 수 있었다.

수화기 저쪽에서 낯선 사내의 음성이 들려왔다. 3개월 전에 만난 적이 있다는데 내 머릿속에는 아무것도 떠오르지 않았다. 나는 그저 용건을 물었다. 그러자 그가 빙 돌려 말했다. 요약하자면 오랜만에 안부가 궁금하니 한번 보자는 거였다. 그는 소속을 명확히 밝히지 않았다. 나는 그가 브로커라고 넘겨짚었고, 선뜻 마음이 내키지 않아 머뭇거렸다. 하지만 그는 결국 나를 설득했다. 일단 만나보면 알아볼 것이라고. 어쨌든 알고 지내서 나쁠 게 있느냐고. 같은 업계의 젊은 사람들끼리. 그것도 틀린 말은 아니었다.

짙은 회색 정장 차림의 사내가 자리에서 일어나 넙신 인사를 했다. 180 정도의 키에 어깨가 떡 벌어진 그는 육중한 쇳덩이 같은 인상을 풍겼다. 그는 명함을 내놓으며 악수를 청했다.

조영춘
대표 이사

그의 손에서 투박한 굳은살이 만져졌다. 순간 나는 기억을 되살렸다. 그를 처음 마주한 건 한 달 전 C 사의 사무실에서였다. 그때 나는 경기도 부천 소재 대형 물류 창고 매각을 추진하고 있었고, 다수의 브로커가 나에게 접근해 왔다. 그도 그중 한 명이었다. 그와 나는 며칠 후 근처 스타벅스(Starbucks)에서 우연히 마주치기도 했다.

조 대표는 말주변이 워낙 좋았다. 사투리와 표준어가 섞인 특이한 어투가 어색하게 들리지 않았다. 그는 내가 새 직장에서 무슨 일을 하는지 무척 궁금해했다. 함께 협력할 사업 기회를 만들어 보자는 것이 대화의 요지였다. 유쾌한 사람 같았다. 아무튼 시간 낭비는 아니었다. 그 후로도 연락이 끊이지 않았다. 다음은 점심 식사, 그다음은 저녁 식사로 이어졌다.

흰색 에쿠스의 앞창이 내려졌다.
"이 부장님! 여기요!"
자가용 안에서 조 대표가 손짓했다. 나는 재빨리 조수석으로 들어가 앉았다. 차량은 빌딩 후문을 빠져나와 테헤란로를 달렸다. 그리고 골목 모퉁이를 돌고 돌아 어느 나지막한 건물 앞에 멈춰 섰다. 주차 요원이 불쑥 튀어나와 연방 굽실거렸다. 조 대표가 당당히 앞장서서 아래로 길게 난 계단을 따라 지하로 향했다. 거리는 아직 밝았다.

몸매가 드러나는 원피스를 입은 미모의 여성이 살랑살랑 다가와 조 대표의 한쪽 팔을 감싸 안았다. 둘은 상당 기간 떨어져 지낸 커플처럼 보였다. 그들은 미로 같은 복도를 통해 점점 깊숙한 어딘가로 들어갔다. 이윽고 도착한 비밀 아지트. 널찍한 테이블 위에 보기 좋게 세팅된 병맥주와 위스키가 시선을 끌었다. 그 주변을 디근 자로 에워싼 소파에는 열 명은 족히 앉을 만했다.

조 대표가 젓가락을 지렛대 삼아 병뚜껑을 땄다. 이내 맥주잔이 채워지고 그 속으로 양주잔이 하나씩 가라앉았다. 화산이 터지듯 거품이 솟아올랐다. 취기가 오른 우리는 술잔을 나눠 들고 건배를 외쳤다. 술잔이 비고 폭탄주가 제조되고 술잔이 오가는 일이 되풀이됐다.

　조 대표가 고갯짓을 하자 밴드가 입장했다. 내 옆에 다소곳하게 앉아 있던 아가씨가 기다렸다는 듯 마이크를 잡았다. 조 대표의 그녀도 격정적으로 탬버린을 흔들며 팀워크를 발휘했다. 어느새 우리 넷은 너 나 할 것 없이 춤추고 어깨동무하며 유행가를 목청껏 뽑아 댔다.

　지하 세계에서 올라왔을 때 네온사인이 심하게 휘청거렸다. 그 뒤로는 필름이 끊어졌다.

　다음 날 이른 아침. 조 대표로부터 전화가 왔다.

　"계준아, 잘 들어갔지? 오늘 저녁에 해장하자!"

　생각해 보니 지난밤 술김에 그와 말을 놓고 형, 동생처럼 지내기로 한 것이었다.

　그날 저녁에도 흰색 에쿠스가 나를 태웠다. 같은 지하 아지트에서 같은 술과 같은 여인들이 우리를 맞이했다. 밴드와 탬버린까지 동원되지는 않았다.

　바닥을 드러내는 발렌타인병을 내 잔에 기울이며 조 대표가 엄숙한 어조로 말했다.

　"물류 창고 매각 건 말인데... 기억하지?"

　내가 C 사에 근무할 때 담당했던 프로젝트 얘기였다. 조 대표와 나를 연결시켜 준 프로젝트이기도 하다.

　"그거 입찰서 제출했거든. 그런데... 우리 입찰 가격이 약간 낮다고 하네. 계준이 니가... 어떻게 힘써 줄 수 없을까?"

나는 그 회사에서 떠난 몸이니 그를 돕는 건 불가능했다. 설사 가능하더라도 해서는 안 되는 일이 있는 법이다. 내가 그렇게 솔직히 말했더니 조 대표의 안색이 굳어졌다. 나는 왠지 좀 미안스러웠다.

애경 그룹이 삼성 물산의 유통 사업 부문을 인수했다. 그로써 애경은 분당 서현역에 위치한 삼성 플라자의 새 주인이 됐다. 삼성 플라자는 지하 1층에서 지상 7층까지 백화점과 8층에서 20층까지 오피스로 구성되어 있었다. 애경은 그중 오피스 부분을 매각하기로 방침을 정했다. 인근 부지에 세워진 부속 주차 타워도 매각 대상에 포함시켰다. 비핵심 자산에 해당하는 부동산을 현금화하여 재무 구조를 개선하고, 백화점 사업에 역량을 집중하기 위한 방책의 일환이었다.

회계 법인의 재무 자문 사업부 직원으로서 나는 애경 측 자문사 역할을 맡았다. 삼성 플라자 오피스에 대해 매각 조건과 방법을 결정하고, 마케팅을 수행하고, 협상을 이끌고, 궁극적으로 거래를 성사하는 것이 나의 임무였다.

애경이 원하는 매각 가격은 1,000억 원이었다. 나는 그 기대치를 뛰어넘을 자신이 있었다. 건물 저층부 백화점을 제외하고 오피스 용도로 사용되는 고층부만 매각하더라도 매수인을 찾는 것은 어렵지 않아 보였다. 오피스 시장은 여전히 매수세가 매도세를 단연 압도하고 있었기 때문이다.

날이 갈수록 흰색 에쿠스가 회사 앞에 더 자주 나타났다. 그럴 때면 조 대표와 나는 밤늦도록 술잔을 기울이곤 했다. 나만의 착각이었는지 모르지만 나는 그가 오랜 친구처럼 느껴졌다.

그러던 어느 날 낯선 인물이 한 명 등장했다. 체격이 우람하고 스포츠머리를 한 그는 차림새로 보아 영락없는 유도 선수였다. 그는 목소리가 유난히 굵었고, 짙은 전라도 사투리를 썼다. 조 대표는 그를 형님이라 부르며 존대하여 말했다. 나도 그에게 존댓말을 쓰는 것이 자연스러웠다. 반면에 그는 나에게 처음부터 말을 놓았고, 조 대표와 내가 고생한다며 술값을 계산했다. 나는 그 뜻을 알아차리지 못했다.

과연 예상했던 대로였다. 삼성 플라자 오피스 매각 입찰은 대성공이었다. 한 생명 보험 회사가 가장 빠르게 움직였고, 뒤이어 다수의 외국계 투자 회사와 국내 자산 운용사도 입찰에 참가했다. 이메일로 접수받는 매수 의향서를 손수 들고 찾아온 투자 회사 회장도 있었다. 그는 저자세를 취하며 반드시 매입하게 해 달라고 애원하였다.

입찰 최고가는 1,250억 원. 최저가도 애경의 목표가인 1,000억 원을 훌쩍 넘어섰다. 투자 안내문이 나간 지 불과 열흘밖에 지나지 않았는데 말이다. 그것이 결말은 아니었다.

나는 투자자들의 구애를 당장 받아들이지 않고, 예정에 없던 2차 입찰 계획을 통보했다. 투자자들의 경쟁심에 불을 댕기기 위한 작전이었다. 1차 입찰을 미처 모르고 지나친 투자 기관에도 아직 늦지 않았음을 알렸다. 보다 많은 업체가 입찰에 참여하도록 하기 위해 브로커들에게도 정보를 공유했다. 거기에는 조영춘 대표도 포함되어 있었다. 그리고 주차 타워 부지에 오피스 빌딩을 개발할 수 있다는 분석 자료를 배포했다. 미래의 개발 사업 이익을 감안하여 현재의 자산 가치를 더 높게 재평가해 보라는 의미였다. 벌써부터 그 개발 가능성을 파악했던 한 투자 기관은 자신들만의 아이디어가 탄로 났다며 아쉬움을 토로했다.

조 대표가 모처럼 전화를 했다.
"계준아, 오늘 저녁에 내 숙소에서 보자."
나는 주소를 받아 적었다. 신사동의 한 모텔이었다. 서울에 집이 있다던 그가 왜 모텔에서 지내는지 궁금했는데 차마 묻지 못했다. 부득이한 사정이 있겠거니 했다.

그날 나는 야근을 했고, 늦은 밤 그를 만나러 가는 길에 차가 심하게 막혔다. 그는 평소와 다르게 표정이 어두웠다. 방 안에는 담배 연기가 자욱했다.

그는 거두절미하고 본론으로 들어갔다. 삼성 플라자 오피스 매각 입찰에 한 자산 운용사를 끌어들일 계획이니, 그 자산 운용사를 우선 협상 대상자로 선정해 달라는 것이었다. 그 회사가 희망한 가격은 1,200억 원이라고 했다.

나는 그에게 긍정적인 답을 주지 못했다. 1차 입찰에서 최고가가 1,250억 원이었으니 어쩔 수 없었다. 설사 그의 회사가 더욱 유리한 조건을 제시한다 하더라도 그가 원하는 결론을 약속할 수는 없었다. 자금 조달 능력 등 여러 다른 사항까지 종합적으로 고려하는 것이 원칙이기 때문이었다.

나는 내가 멋대로 결정할 수 있는 일이 아니라고 딱 잘라 말했다. 그는 실망한 기색이 완연했다. 처음에는 나에게 도와 달라고 간청하던 그가 언제부턴가 도리어 위협조로 나왔다. 나는 당황스러웠지만 애써 태연한 척했다. 그의 눈빛을 보니 불길한 예감이 들었다.

2차 입찰에서 국내 보험사가 최고가를 써냈다. 1,350억 원. 그 뒤를 외국계 투자 은행이 바짝 쫓았다. 대부분의 투자자들은 입찰자 간의 출혈 경쟁을 우려하면서도 백기를 들지 않았다. 조 대표의 자산 운용사는 며칠 전 그의 말대로 1,200억 원을 제안했다. 가격 순위로 따지면 여섯 번째였다. 나는 상위 세 개 기관에만 마지막 기회를 주기로 결정했다.

조 대표에게서 다시 전화가 왔다. 평소보다 짧게 통화가 끝났다. 그는 만나서 할 얘기가 있다고만 했다. 여태 앙금이 가시지 않았는지 말투가 퉁명스러웠다. 나는 아무 일도 없었던 것처럼 흔쾌히 응했다. 입찰 결과도 알리려던 참이었다. 좋지 않은 소식이니 직접 전하는 게 좋을 것 같았다. 공사를 엄격히 구분하자면 굳이 그럴 필요는 없었다. 하지만 나는 그와의 불편한 관계를 조금이라도 해소하고 싶었다.

르네상스 호텔 라운지는 한산했다. 삼십 분쯤 기다렸을까. 조 대표에게 전화해 보려는 찰나 멀리 낯익은 얼굴이 보였다. 놀랍게도 조 대표가 형님이라 부르는 이였다.

"조영춘이 지금 오는 중이여."

그가 앞에 앉았다. 동시에 내 가슴도 털썩 내려앉았다. 낌새가 심상치 않았다. 몇 초간 무거운 침묵이 흘렀다.

"너 왜 그려?"

그가 먼저 운을 떼었다.

"예? 무슨 말씀인가요?"

나는 영문을 모르겠다는 듯 되물으며 눈만 껌벅거렸다. 사실 나는 짐작했다. 며칠 전과 같은 곤란한 상황이 재현될 것이라고.

아니나 다를까 그의 입에서 조 대표가 언급한 자산 운용사의 이름이 튀어나왔다. 그 이후 도저히 내 귀를 의심하지 않을 수 없는 얘기가 마구 쏟아졌다. 그의 말에 따르면, 나와 조 대표 그리고 그는 "한식구"이고, "우리 식구 전부"를 위해 이번 "먹거리를 잘 요리"해야 한다는 것이었다. 그리고 돌연 나에게 3억 원어치 약속 어음을 끊어 주겠다고 했다. 나는 약속 어음이 언제 어떻게 활용되는지 잘 알지 못했다. 하지만 그것이 나를 이용하기 위한 미끼라고 짐작할 수 있었다.

나는 자꾸만 답답하고 알 수 없는 감정에 휩싸였다. 나는 그들과 한식구가 아니었다. 돈을 달라고 한 적도 없었다. 그에게 그렇게 말했다. 그 뒤로 내용은 기억나지 않는다. 하여튼 등판이 땀으로 축축했다. 다리가 심하게 후들거렸다. 그저 그 자리에서 얼른 벗어나고 싶었다.

호텔을 나서는 길에 정문 앞에서 조 대표를 마주쳤다. 그는 자기 형이 나한테 무슨 말을 했는지 알고 있다고 했다. 그러고는 퇴근 후에 술 한잔 마시면서 생각을 정리해 보라며 뜬금없이 신용 카드 한 장을 내 손에 쥐어 주려 했다. 나는 그의 손을 뿌리치고 택시를 잡아탔다.

그날은 일이 손에 잡히지 않았다. 나는 충격과 놀람 때문에 저녁밥을 넘기기 힘들었다. 밤사이 열이 심하게 났다. 온몸이 떨리고 숨이 막혀 왔다.

다음 날 오후 병실에서 잠이 깼다. 휴대폰에 부재중 전화가 여러 통 들어와 있었다.

"엄마, 나야."

"계준아, 별일 없지?"

"응... 별일 없어... 회의 중이었어."

"간밤에 꿈자리가 뒤숭숭하던데... 주말에 집에 와. 맛있는 거 해 줄게."

"알았어. 주말에 봐."

그제야 깨달았다. 나는 조 대표에 대해 아는 게 많이 없었다. 흰색 에쿠스를 몰았고, 강남의 모텔에서 지내고, 그게 다였다. 조 대표의 형님에 대해서도 모르기는 마찬가지였다.

과연 어디서부터 발을 잘못 들였던 것일까. 처음부터 짜여진 각본이 있었던 걸까. 나도 모르는 사이에 어둠의 세계로 끌려들어간 것 같은 이상한 기운을 떨쳐 낼 수 없었다. 그들의 부당한 요구를 들어줘야 할까 고민했다. 그렇게 하지 않으면 신변에 문제가 생길 것이라는 암시가 있었다. 그렇다고 자존심과 양심을 버리고 싶지 않았다.

그 후로 협박에 시달렸다. 살아오면서 처음 겪는 일이었다. 어떻게 대처해야 하는지 몰랐다. 죽고 싶을 만큼 괴로운 나날이었다.

어느 토요일 오후. 한참을 망설이다 수화기를 들었다.
"상무님, 안녕하세요. 이계준입니다."
"어, 웬일이야? 무슨 일 있어?"
"주말에 죄송합니다. 저… 찾아뵙고 상의드릴 일이 있어서요."
"그래? 그럼… 내일 서빙고동 온누리교회 앞으로 올 수 있나?"

햇살이 따스한 봄날이었다. 교회 앞뜰에는 아이들의 해맑은 웃음소리가 가득했다. 그런데 내 눈은 눈물샘이 터졌다.
"인생이 지뢰밭이야."
교만하고 경솔했던 내 자신의 과오에 대한 자책의 눈물이었다.
"괜찮아. 이것도 다 경험이다."
안도와 감사의 눈물이었다.
"오늘 바로 디지털 녹음기부터 사도록 하지. 앞으로 그놈들이 전화하면 통화 내용 모조리 녹음하도록 하고."
저만치 멀어지는 상무님의 뒷모습에서 빛이 났다. 상무님께서는 회사에서 법무팀을 지휘하고 계셨다. 과거에 검사로 활동하시던 때에 비슷한 형사 사건을 처리한 적이 있다고 하셨다.

다음 날 어김없이 조씨 형제로부터 전화가 왔다. 마침 상무님과 말씀을 나누고 있을 때였다. 나는 침착히 녹음기를 연결했고 상무님께서는 내 손을 잡아 주셨다.

그들은 하루도 가만히 지나치는 법이 없었다. 나는 그들의 전화는 받았으나 만남은 피했다. 회사의 배려로 출퇴근에 화물용 승강기를 사용했고, 귀갓길에 회사 승용차로 에스코트를 받기도 했다. 그리고 끝내 한번은 상무님께서 코치해 주신 대로 강경하게 대응했다. 그러자 그들의 기세가 움츠러들기 시작했다. 얼마 후 나는 그들과 연락을 철저히 단절했다. 그리하여 내 인생에서 그들을 서서히 지워 나갔다. 이제는 안줏거리가 된 모험담이지만, 나는 당시 녹음 파일을 지금까지 간직하고 있다.

모두가 불가능하다고 여겼던 화이자 사옥 프로젝트를 완수한 것은 너무나 영광스럽고 기뻤다. 회사 매출에도 큰 영향을 미쳤고, 초고속 승진과 함께 직장에서 스포트라이트를 받았다. 추가적으로 중대한 업무들을 관장하게 됐고, 성공은 또 다른 성공을 가져왔다. 내가 별로 노력을 들이지 않아도 주변에서 각종 사업을 제안해 오는 등 선순환의 길이 열리기에 이르렀다. 그러면서 나는 내가 제일인 양 공연히 우쭐대며 다녔던 것 같다. 경쟁사에 스카우트될 무렵 나의 자신감은 하늘을 찔렀다.

그것이 오히려 독이 되고 말았다. 나는 어떤 승리감 같은 것에

도취되어 나의 능력을 과신하는 교만에 빠졌던 것이다. 조영춘 대표가 그 교만의 빈틈을 파고들었던 것 같다. 노골적으로 금품을 건네며 목전에서 매수공작을 펼 때까지 나는 그의 얕은 수를 간파하지 못했다. 겸허하고 신중했던 초심을 잃고, 교만에 눈이 가려졌던 것이다. 매사에 자신감을 갖는 것은 강점이 될 수 있지만, 자신감도 지나치면 부족함만 못하다.

혼란의 와중에도 삼성 플라자 오피스 매각은 훌륭하게 완료해 냈다. 최종 가격은 1,420억 원. 애경의 목표가 1,000억 원보다 42% 높게 그야말로 장외 홈런을 쳤다. 매수인은 외국계 투자 은행 모건 스탠리(Morgan Stanley)에서 운용하는 부동산 펀드였다. 그즈음에 미국발 서브프라임 모기지(subprime mortgage) 부실 사태가 불거지고 있었다. 모건 스탠리도 차입금 마련에 적잖은 어려움을 겪었다. 그러나 딜(deal)을 끝까지 밀어붙였다. 애경에는 큰 경사였다. 나도 수혜자였다. 애경이 나에게 파격적인 대우로 러브콜을 보냈다. 나의 고객사가 나의 고용주가 되었다.

애경은 백화점 등 대형 유통 시설 운영에 대한 전문성을 살려 부동산 개발 사업을 키워 나가고자 했다. 다양한 기능을 갖춘 복합 단지를 조성하는 데 있어 일단 애경 백화점을 입점시키면, 다른 임차인을 유치하거나 아파트를 분양하는 일이 한결 수월해질 수 있기 때문이었다. 또한 부동산 개발 사업을 통해 백화점을 추가로 개섬할 수 있으니 유통업을 확장하는 상승효과를 기대하고 있었다. 부동산 사업을 그룹의 새로운 성장 동력으로 꼽았던 만큼 내가 애경을 다닐 만한 이유가 충분히 있었던 것이다. 이전까지는 다뤄 본 적이 없는 백화점과 쇼핑몰 관련 업무를 배울 수 있다는 점에서도 애경은 나에게 올바른 선택이었다.

2007년 가을. 애경에 입사한 후 나는 생전 처음으로 미국을 방문했다. 선진 유통 시설 벤치마킹(benchmarking)을 위해 동료들과 함께 사장님을 모시고 출장을 갔다. 로스앤젤레스(Los Angeles), 라스베이거스(Las Vegas), 시애틀(Seattle)에 위치한 여러 쇼핑몰을 견학할 수 있었다.

9
이론보다 실제

2007년 겨울. 호기심이 발동했다. 수원역 애경 쇼핑몰에 입점한 매장들인 던킨도너츠(Dunkin' Donuts), 스타벅스(Starbucks), 아웃백 스테이크하우스(Outback Steakhouse), 더바디샵(The Body Shop)의 평당 월평균 매출(연 매출/12개월/평수)을 분석해 보았다. 놀랍게도 이들 수원 점포들의 매출이 우리나라 최대 상권인 명동 거리에 있는 상점들과 맞먹었다. 그와는 대조적으로 월 임대료는 수원점이 명동점의 30%에도 못 미쳤다. 왜 매출에 비해 임대료가 턱없이 낮은지 의문스러웠다. 어쩌면 수원점의 임대료를 올릴 수 있겠다는 생각이 들었다.

쇼핑몰 임대차 서류를 살펴보니 대부분 계약 기간 만료일을 3개월 앞에 두고 있었다. 그런데 사전 통보 조항이 문제였다. 그대로 아무런 조치 없이 사흘만 지나면 임대 계약이 동일한 조건으로 연장되는 것이었다.

나는 임대 담당에게 전화를 걸었다. 임대료를 대폭 인상할 수 있을 것 같다고 알려 주기 위해서였다. 그는 나의 아이디어에 허점을 지적하며 브레이크를 걸었다.

"유명 브랜드에만 해당되는 사실이잖습니까? 우리 쇼핑몰 임차인들은 대다수가 영세 상인들입니다."

그의 주장이 수긍되지 않는 건 아니었다. 그의 말이 사실이라면 영세한 임차인들을 쥐어짜는 악독한 건물주 역할을 맡고 싶지도 않았다. 그래도 쇼핑몰을 운영하는 기업의 일원으로서 주주의 이익 증진을 모색해야 할 책임이 있지 않은가. 여하튼 일단 사태를 정확하게 파악하는 것이 필요했다.

하지만 유명 브랜드가 아닌 중소 점포들의 매출 정보를 수집하는 것은 불가능에 가까웠다. 그리고 무엇보다 지체할 시각이 없었다. 3일 후면 계약이 자동으로 갱신될 것이기 때문이었다. 그럴 경우 회사가 막대한 기회를 놓치게 되는 것이라고 나는 직관했다. 따라서 이를 사장님께 즉각 보고하기로 결심했다. 물론 임대팀 팀장의 동의부터 얻어 냈다. 그는 여전히 회의적이었으나, 내가 사장님께 보고하려는 것을 막지는 않았다. 사장님께서는 나에게 임대팀의 업무를 넘겨받아 내가 발견한 점들을 증명해 보이도록 지시하셨다. 그날 밤 나는 팀원들과 함께 임대 갱신 거부 공문을 준비했다.

그 후 100여 명의 기존 임차인들과 줄다리기를 벌이며, 나는 그들이 매장을 철수하거나 이전하도록 한 명 한 명 설득했다. 동시에 5년 전 쇼핑몰 개점 시와 비교하여 인구 구조, 소비자들의 성향 등이 어떻게 변화했는지 조사했다. 한편 쇼핑몰의 전체적인 이미지를 제고하고 매출 확대를 촉진하기 위해 인지도가 높은 임차인 유치에 집중했다. 팀원들과 함께 외식업, 의류업 등 업종별 업체 리스트를 최대한으로 작성하는 일이 첫 단계였다. 그다음은 이메일과 전화였다. 리스트에 포함된 모두에게 일일이 수원 쇼핑몰에 임점을 제안했다. 이 또한 콜드콜이었다.

이번 콜드콜은 여타 콜드콜과 달리 처음부터 뜨거운 호응을 불러일으켰다. 알고 보니 점포 개발 담당자들 사이에서 수원역 쇼핑몰은 수익이 높은 일급 상권으로 널리 알려진 곳이었다. 그런 쇼핑몰에 들어갈 수 있다고 입소문이 나면서 임대 문의 전화가 빗발쳤다.

6개월 후.

마지막 임대차 계약서에 도장을 찍은 날. 나는 인터넷에서 수원역 쇼핑몰을 소개하는 블로그를 우연히 보게 되었다.

수원역이 완전 변신했어요! 수원역 애경 쇼핑몰에서 구매한 바나나 리퍼블릭 셔츠!

새로 오픈한 옷 가게와 음식점들의 사진이 여러 장 올려져 있었다.

결국 나는 70개의 우량 업체들을 수원역 쇼핑몰에 입점시켰다. 쇼핑몰 점포들의 평당 월 임대료는 평균 약 7만 원에서 22만 원으로 껑충 뛰었다. 애경이 수원역 쇼핑몰을 통해 벌어들이는 연간 총 임대료는 100억 원 정도 상승했다. 이는 당시 기준으로 1,500억 원 이상의 자산 가치 향상을 의미하는 것이었다. 얼마 후 부동산 투자 회사들이 수원역에 견학을 다녀가기도 했다.

훌륭한 성과의 이면에는 숱한 고난이 있었다. 지난 5년간 낮게 고정된 임대료에 익숙해진 임차인들의 편견, 소수 악성 계약자들의 집단행동 주동, 해결책을 함께 모색하기보다 문제점 지적에 급급하던 회사의 일부 임원들, 중소 상인과 서민의 생존권을 위협하지 말라며 윽박지르던 어느 신문 기자. 그런데 놀랍게도 임차인들은 전혀 영세하지 않았다. 서울과 경기 지역에서 복수의 점포를 운영하는 재산가들이었다. 그리고 안기부에서 나왔다며 압력을 가하려 했던 공무원, 파스쿠찌 커피숍에서 돈 봉투를 내민 의류업체 대표…. 이 모든 난관을 물리치는 데에는 애경 경영진이 나에게 보여 준 신뢰가 결정적인 힘이 되었다.

이론적으로 수원 지역의 부동산은 서울 시내 중심가의 부동산에 비해 자산 가치가 낮다. 그러나 실제로는 수원 부동산의 가치가 서울 부동산을 능가할 수 있다.

나는 애경 수원 쇼핑몰을 대한민국 최고 수준의 '쇼핑 허브

(shopping hub)'로 탈바꿈했다. 임대 시장에 대한 철저한 조사와 분석, 임대 담당자의 입장을 감안한 합리적 판단, 부족한 정보에도 불구하고 내린 과감한 결단, 임차인들과의 탁월한 협상, 우량 업체를 유치하기 위한 전략적인 마케팅, 치밀한 매장 공간 재구성에 이르기까지 실제 행동을 통해 이론만으로는 예측할 수 없는 결과를 이끌어 냈다. 실천은 진통과 역경을 수반한다. 그러나 끝내는 성공으로 귀결한다.

10
결국 유학을 떠나다

　나는 학업과 직장 생활을 통해 부동산과 건설, 건축을 두루 이해하게 됐다. 게다가 부동산 거래를 여러 각도에서 바라볼 수 있었다. 매수인, 매도인, 투자자, 디벨로퍼, 임차인, 건물주의 입장을 모두 체험했다. 이로써 뛰어난 거래 기술과 사업 수완을 축적했고, 부동산 업계에서 활약하는 데 필요한 노하우를 터득했다.

　결과적으로 애경에서 나는 나이에 비해 높은 지위에 올라 있었다. 연봉이 확연히 높아졌을 뿐 아니라, 상업용 부동산에 대한 투자 업무를 총괄하며 그룹의 최고 경영진에게 직보하는 임원급 역할을 수행했다. 연공서열 위주의 한국 사회 정서와 기업 문화에 반하는 혁신적인 인사가 아닐 수 없었다. 사실 회사 입장에서는 쉽지 않은 결정이었을 것이다. 기업의 성장을 위해서 과감한 개혁이 불가피하겠지만, 기존 조직 체계의 유지도 중요하기 때문이다.

그럼에도 불구하고 내 야망은 거기에 그치지 않았다. 나는 오래지 않아 더 높은 곳을 바라보기 시작했다. 회사에서 윗사람의 신임을 받았고 직장 생활이 여러모로 만족스러웠지만, 여전히 나이의 장벽이 앞길을 가로막고 있다고 느꼈다. 3년 후, 5년 후, 10년 후 미래의 나의 모습을 상상해 보니 최소한 몇 년 동안은 제자리에 머물게 될 것이 분명했다. 그 몇 년을 어떻게 다르게 보내느냐가 인생의 관건이 될 것 같았다.

나는 고심 끝에 콜롬비아 비즈니스 스쿨(Columbia Business School)에서 엠비에이(MBA: Master of Business Administration)를 취득해 보자고 결심했다. 경영에 관해 정규 교육을 받고, 금융과 부동산 관련 이슈에 대해 견문을 더욱 넓혀야 한다고 판단했기 때문이다. 콜롬비아가 뉴욕에 있다는 점도 나의 선택에 영향을 끼쳤다. 뉴욕은 세계 유수의 기업들이 본사를 두고 있는 만큼 최상의 네트워킹(networking) 무대이다. 그것이 다른 어떤 도시와도 견줄 수 없는 뉴욕만의 장점으로 부각되었다.

회사에는 MBA 과정 이후 곧장 돌아가겠다고 약속했다. 당시 국내 중견 그룹이었던 애경은 세계적인 부동산 디벨로퍼로 성장해 나가겠다는 청사진을 갖고 있었다. 그러한 미래상을 실현하기 위해서는 부동산 전문 지식과 기업 경영 능력, 국제적인 인맥을 갖춘 인재가 필요할 것이다. 그 빈자리를 장래에 내가 채우겠다고 나의 의지를 밝혔다.

속마음으로는 공부를 마치자마자 애경으로 복귀하기보다 막연

하나마 뉴욕에서 최소한 3, 4년은 일할 수 있기를 바랐다. 장기적으로 내 회사를 만들어 국내 및 세계 곳곳의 낙후된 지역을 개발하겠다는 원대한 포부를 품기도 했다. 금융과 보험만큼이나 부동산은 국가 경제를 구성하는 주요 요소이다. 그러므로 부동산 개발 사업이 지구촌 빈곤 문제에 대해 창의적이고 지속 가능한 해법을 제공할 수 있을 것이다. 나의 궁극적인 꿈은 정부 기관과 비영리 단체, 사회사업가 등과 협력하여 미개발지나 활용도가 낮은 부동산을 주택 및 편의 시설로 바꾸는 데에 기여하는 것이었다.

마침내 나는 혈혈단신 유학을 떠났다.

제4부
어퍼 웨스트 사이드(Upper West Side)

1
뉴욕, 뉴욕(New York, NY)

 인천발 뉴욕행. 오랜 숙원과도 같았던 유학길. 태평양을 가로지르는 장거리 비행을 뜬눈으로 보냈다. 들뜬 기분이 잘 가라앉지 않았다. 가슴 벅찬 성취감과 자부심, 장밋빛 미래에 대한 기대감과 자신감, 전신을 감싸는 행복감과 안정감... 온갖 긍정적인 감정들이 파도처럼 밀려왔다. 이전에 한 번도 맛본 적 없는 생소한 느낌이었다. 긴 방황과 우여곡절, 변화와 굴곡의 지점들, 희생과 감내의 결실이라 믿었다.

 2008년 12월 31일 수요일. "세계 금융, 예술, 패션의 중심지 뉴욕", 뉴욕의 땅을 생전 처음 밟았다.
 뉴욕 제이에프케이(JFK) 국제공항의 첫인상은 좁고 어두침침했다. 다수의 승객들이 한꺼번에 몰려 인산인해를 이뤘다. 입국 심

공항을 빠져나오기까지 한 시간 넘게 줄을 서야 했다. 양손 가득 여행 가방을 끌고 어렵사리 출구 앞으로 나왔다. 그곳도 역시 도떼기시장처럼 몹시 붐볐다.

잠깐 숨을 돌리기 위해 멈춰 섰을 때, 한 남성이 눈에 띄었다. 그가 빠른 걸음으로 나에게 다가오는 것 같았다. 나는 그와 눈을 살짝 마주친 후 힐끗 뒤를 돌아보았다. 고단한 표정의 여행객들이 저마다 짐 꾸러미를 둘러메고 우르르 쏟아져 나오고 있었다. 나는 다시 발을 옮기기 시작했다. 바로 그때 그 남성이 나를 가로막으며 말을 건넸다.

"택시 필요하세요?"

그는 한인 택시 기사였다. 내가 한국 사람인 것을 어떻게 알아봤을까. 나는 궁금증을 뒤로하고 그를 따라갔다.

"여기로 가 주세요."

차에 타기도 전에 나는 주소가 적힌 쪽지를 그에게 보여 주었다.

"아... 어퍼 웨스트 사이드로 가시는구나?"

"어퍼 웨스트 사이드요?"

내가 앞으로 살게 될 동네의 이름이었다.

"콜롬비아 유학생이세요?"

그는 한국에서 온 유학생들을 종종 봤다고 하며, 줄곧 이런저런 이야기를 늘어놓았다. 카 오디오에서는 무한궤도의 노래「그대에게」가 흘러나왔다. 창밖 풍경은 단조로운 백색의 실원이었다. 전날 눈이 엄청 내렸나 보다.

백발의 관리인이 4층 버튼을 눌렀다. 엘리베이터가 요란한 소리를 내며 움직였다. 덜덜거리며 힘겹게 올라가는 모양새가 심상치 않았다. 몇 초 후, 승강기의 속도가 느려지고 몸이 가벼워지는 듯했다. 그런데 순간, 덜커덩 굉음과 함께 급정지했다. 나는 깜짝 놀라 엉겁결에 외마디 비명을 지를 뻔했다.

"It's a sign that we've reached our floor."

[번역] "도착했다는 신호에요."

관리인이 껄껄 웃으며 말했다. 그리고 자랑하듯이 몇 마디 덧붙였다.

"This apartment is almost a hundred years old. You'll get used to it soon."

[번역] "이 아파트 거의 백 년 됐어요. 곧 익숙해질 겁니다."

엘리베이터 문이 드르륵 열렸다. 그는 내 등을 한 번 툭 치고는 앞장서 걸어 나갔다.

관리인이 낡은 방화문을 슬며시 잡아당기자 터널같이 좁고 긴 복도가 눈에 들어왔다. 그 복도를 따라 목제 문들이 몇 개 있었다. 그는 첫 번째 문 앞에서 발걸음을 멈췄다.

"Is this my room?"

[번역] "여기가 제 방이에요?"

그가 고개를 끄덕이며 열쇠를 넣어 돌렸다. 닳고 닳아 광택이 없어진 손잡이가 흐린 백열등 아래에서 유독 도드라져 보였다. 내 방은 예상보다 훨씬 작았다. 몇 안 되는 가구들이 좁은 공간을 가득 채우고 있었다. 반들반들 손때 묻은 나무 책상, 빛바랜 의자, 삐거덕거리는 일인용 철제 침대, 드문드문 칠이 벗겨진 소형 냉장고. 예외 없이 모두 투박한 모습이었다. 흰색으로 페인트칠이 되어 있는 벽을 보고 있노라면 차가운 병실이 연상되었다. 서쪽을 향한 유리창에는 두꺼운 암막 커튼이 내려져 음침한 분위기마저 감돌았다. 커튼을 열어젖히자 이웃 건물의 측벽이 시야를 막고 있었다. 창문에 바짝 붙어 서야 겨우 하늘을 올려다볼 수 있었다.

다음 행선지는 코리아타운(Koreatown)이었다. 휴대폰부터 장만해야겠다는 나의 말에 택시 기사가 낸 아이디어였다. 나는 짐을 풀지 않고 서둘러 아파트를 나왔다. 택시 기사가 밖에서 기다리고 있었기 때문이다. 그가 나를 한국인이 운영하는 휴대폰 가게로 안내했다. 나는 가장 저렴한 노키아(Nokia) 선불 폰을 구입했다.

주변을 둘러보니 한글 간판들이 즐비했다. 그런데 서울에서 보던 풍경과는 사뭇 달랐다. 왠지 촌스러워 보이는 글씨체 때문이었을까. 칙칙해 보이는 색감 때문이었을까. 꼭 70년대 서울 거리를 재현한 영화 촬영소 같았다. 아니면 뉴욕 본연의 모습을 놓쳤던 것인지도 모른다. 그날 하늘은 잔뜩 흐렸고, 길가는 눈이 녹아 진흙투성이였다.

목적지도 없이 거리를 마냥 걷다가 친숙한 이름을 하나 발견했다.

북창동 순두부(BCD Tofu House)

애경 그룹에 근무하던 지난해 가을 미국 출장 중에 엘에이(LA)에서 들른 한식당의 분점이었다. 가게 출입문을 열자마자 맛있는 음식 냄새가 물씬 풍겨 왔다. 그제야 점심때가 훌쩍 지났음을 깨달았다.

순두부찌개와 밥 한 공기를 뚝딱 해치웠다. 뜨끈한 국물에 온몸이 녹아내렸다. 창밖에는 어둠이 깔리고 있었다. 나는 아파트로 얼른 돌아가고 싶어졌다. 어차피 가고 싶은 곳이 있는 것도 아니었다. 하루 전날까지 회사 업무를 마무리하느라 뉴욕에 대한 정보를 수집할 틈이 없었기 때문이다. 귀갓길에 올라탄 노란 택시가 뉴욕의 상징이라니. 그것도 한참 후에야 알게 된 사실이었다.

내 방은 침묵 그 자체였다. 바깥에서는 아무런 인기척도 나지 않았다. 옆방들은 문이 굳게 닫혀 있었다. 다행히 방에 인터넷이 연결되어 있어 무료함을 달랠 수 있었다. 우선 스카이프(Skype)로 부모님께 전화를 드렸다. 그리고 '볼 드롭(ball drop)'이라고 하는 뉴욕의 신년맞이 행사를 노트북 화면을 통해 처음으로 시청했다. 타임스 스퀘어(Times Square)에 모인 수십만 군중과 함께 2008년의 마지막 10초를 카운트했다. 타임스 스퀘어 볼(Times Square Ball)이 낙하하고 오색 색종이 조각들이 하늘을 덮으면서 2009년의 시작을 알렸다.

한인 택시 기사, 무한궤도의 「그대에게」, 한국인 휴대폰 가게, 북창동 순두부. 뉴욕에서의 첫날은 그렇게 평범하게 지나가는 듯 싶었다. 그러나 그날의 진짜 하이라이트는 다름 아닌 잠자리였다. 막상 자려고 하니 방 안에 침구가 없는 것 아닌가. 침대에는 싱글 매트리스 한 개만 덩그러니 놓여 있었다. 그날 밤 나는 종이를 연결해 붙여 시트로 깔고 이불로 덮어야 했다. 서울에서 가져온 복사용지와 셀로판테이프를, 왜 가져왔는지 기억나지 않지만, 바로 사용하게 될 줄이야. 내면에 잠자고 있던 예술가적 기질이 깨어나는 순간이었다.

뉴욕에서 나의 첫 번째 집은 아파트형 기숙사였다. 남자 다섯 명이 방을 따로 쓰면서 욕실 두 개와 주방을 공유했다. 중국에서 온 박사 과정생 두 명, 파키스탄 출신 대학원생 한 명, 미국인 학부생 한 명 그리고 나. 그런데 미국 학생이 여자 친구와 늘 붙어 있다시피 했으니, 다섯이 아닌 여섯이 함께 지내는 것이었다. 한 명 더 있다고 크게 문제 될 건 없었다. 각자 생활이 바빠서였는지 우리는 서로 친해지지 않았다. 간혹 지나다 마주치면 간단한 인사를 나누는 게 전부였다. 개인의 프라이버시를 존중하는 것이 일종의 규율처럼 굳어졌다.

학교 기숙사에는 방 다섯 개 딸린 아파트만 있는 건 아니었다. 나는 개인 욕실을 갖춘 원룸 아파트를 선택할 수도 있었다. 그러나 임대료에 큰돈을 지출하고 싶지 않았다. 결국 나는 졸업 때까지 같은 곳에 거주했다. 내가 "우리 집"이라 부른 아파트는 암스테르담 애비뉴(Amsterdam Avenue)와 브로드웨이(Broadway) 사이의 121번가(121st Street)에 있었다. 어느 날 지도를 보니 어퍼 웨스트 사이드(Upper West Side)라기보다 할렘(Harlem)에 가까운 위치였다.

며칠 후, 신입생 오리엔테이션 첫날 이른 아침. 경영 대학원 건물 유리스 홀(Uris Hall) 앞은 축제의 장이었다. 그 열기가 멀리서도 느껴질 정도였다. 나는 호기심에 걸음을 점점 빨리했다. 열렬한 휘파람과 환호성이 울려 퍼졌다. 열댓 명의 청년들이 저마다의 표정과 몸짓으로 열정적인 광경을 만들어 내고 있었다. 나는 무의식중에 두 팔을 힘차게 흔들며 그들에게 달려갔다. 장난스레 나눈 악수와 하이 파이브(high-five)! 드디어 내 인생의 새로운 장이 열렸다.

진갈색 피부의 사내가 두리번거리며 교실로 들어섰다. 중간 키에 배가 불룩한 체형, 타원형의 통통한 얼굴, 덥수룩한 턱수염과 콧수염, 크고 둥그런 눈매가 「심슨 가족(The Simpsons)」의 아빠 호머 심슨(Homer Simpson)을 닮았다. 머리카락이 없어 시원하게 드러난 이마에는 형광등 불빛이 반사돼 반짝거렸다. 나와 시선이 마주치자 그는 오른손을 번쩍 들어 올렸다. 그러고는 내 옆으로 다가와 특이한 악센트의 영어로 인사말을 건넸다. 그는 내가 뉴욕에서 만난 첫 친구였다. 우리 둘은 맨 뒤 꼭대기 자리에 앉아 이야기를 나눴다. 그는 인도에 계신 부친의 사업을 위해 해외 시장을 개척하겠다는 야심을 은근히 내비쳤다.

심슨을 처음 만난 날엔 반 편성도 있었다. 봄 학기 입학생을 약 70명씩 세 반으로 나눠 클러스터 엑스(Cluster X), 클러스터 와이

(Cluster Y), 클러스터 제트(Cluster Z)라고 이름을 붙였다. 가을 학기 입학생을 포함하면, 한 학년 전체는 총 열한 개 클러스터로 구성되었다. 각 클러스터는 다시 4~6명씩 12개 조로 나뉘어졌고, 이를 러닝 팀(learning team)이라고 불렀다. 나는 매튜(Matthew), 레오나르도(Leonardo), 옐르(Jelle), 타마(Tamar)와 함께 클러스터 제트의 10번 러닝 팀, '제트텐(Z10)'을 출범했다.

제트텐(Z10) 멤버들의 경력은 가지각색이었다. 매튜는 뉴욕 증권사 애널리스트, 레오나르도는 브라질(Brazil) 맥킨지(McKinsey) 경영 컨설턴트, 옐르는 네덜란드(Netherlands) 보스톤 컨설팅 그룹(Boston Consulting Group) 경영 컨설턴트 출신이었고, 우리 팀의 유일한 여성 타마는 콜롬비아 치과 대학(Columbia University College of Dental Medicine) 졸업을 앞둔 미국인이었다.

재학생들의 깜짝 환영으로 막이 오른 오리엔테이션. 교수진 소개, 학교생활 안내, 캠퍼스 견학, 클러스터별 팀 빌딩(team building) 프로그램, 예비 수업, 조별 공동 과제… 일주일 동안 이른 아침부터 늦은 저녁까지 쉴 새 없이 단체 일정이 빠듯했다. 레크리에이션(recreation) 활동도 포함되어 있었다. 브라이언트 파크(Bryant Park)에서 스케이트를 신고 얼음판 위에 섰던 순간이 특히 기억에 남는다.

오리엔테이션 폐회식. 은은한 달빛이 비치는 허드슨(Hudson)

강 변 연회장. 전 입학생이 한자리에 모였다. 하얀색 천이 깔려 있는 원형 식탁에 삼삼오오 둘러앉아 와인과 코스 요리를 즐겼다. 밝고 경쾌한 피아노 선율이 스피커에서 흘러나왔다. 음악을 타고 영어와 이탈리아어와 중국어와 웃음소리가 뒤섞여 귓가를 간질였다. 그날 저녁 나는 입학 동기들을 더 많이 알게 됐다. 한국인 학생들과는 금세 형님 아우 하는 사이가 됐고, 동갑내기 중국인 토미(Tommy)와는 만나자마자 마치 죽마고우처럼 친근해졌다.

행사가 한창 무르익었을 때 교학처장이 연단에 올랐다. 나는 옆에 앉은 선배와의 대화에 열중해 있었다. 선배는 앞으로 펼쳐질 캠퍼스 생활이 내 인생 최고의 시간이 될 것이라고 장담했다. 우리가 졸업할 즈음이면 금융 위기가 깨끗이 걷힐 것이라고 덧붙여 말했다. 불경기인데 마침 학교에 돌아와 있는 것이 행운이라고 하며 나도 그의 말에 맞장구쳤다.

갑자기 폭발적인 박수갈채가 터져 나왔다. 나는 연사를 향해 고개를 돌렸다. 장내가 다시 조용해지자 연사는 입학생들의 국적과 직업을 열거하며 폐회식 연설을 마무리했다.

"France, China, India … Korea, Germany."

[번역] "프랑스, 중국, 인도 … 한국, 독일."

"Consultant, analyst, engineer, research … accountant, journalist, lawyer, doctor, military officer, entrepreneur."

[번역] "컨설턴트, 애널리스트, 엔지니어, 연구원 … 회계사, 기자, 변호사, 의사, 군인, 사업가."

"We even have a boxer."

번역 "심지어 권투 선수도 있습니다."

나는 귀가 쫑긋했다.

"Boxer?"

번역 "권투 선수?"

반사적으로 옆자리 친구에게 물었다.

"Well, I guess she's talking about how diverse the student body is. We could learn from each other sharing different perspectives and experiences."

번역 "글쎄, 다방면의 사람들이 모였다는 말이었을 거야. 서로 다른 관점과 경험을 공유하면 배우는 게 많겠지."

친구가 자못 진지하게 응수하는 바람에 나는 그에게 내가 권투를 했었다고 말하려다 말았다.

2개월 후.

휴대 전화 알람음이 요란했다. 새벽 다섯 시 정각. 무거운 몸을 억지로 일으켜 책상 앞에 앉았다. 읽어야 할 자료가 산더미 같았다. 시리얼로 아침을 때우면서도 나의 시선은 노트북 화면 속에 박혀 있었다.

누군가 방문 앞을 빠른 걸음으로 지나갔다. 쿵하고 닫히는 현관문의 진동이 바닥을 타고 전해졌다. 어느새 날이 밝아 있었다. 아직 무언가 준비가 부족한 것 같았다.

"Did you see anything interesting on Bloomberg News today?"

[번역] "오늘 블룸버그 뉴스에 어떤 흥미로운 기사가 있었죠?"

교수님께서 물으셨다.

"Daniel."

[번역] "다니엘."

"Federal Reserve Board announced their decision to provide substantial amount of capital for the financial market."

[번역] "연방 준비 제도 이사회가 금융 시장에 대규모 자금을 투입하기로 결정했다고 발표했습니다."

다니엘(Daniel)이 기다렸다는 듯 대답했다.

"Fed boosted stocks today."

[번역] "연준이 오늘 주가를 밀어 올렸어요."

올리버(Oliver)가 영국식 발음을 뽐내며 옆에서 거들었다.

나는 아침에 본 신문 기사를 기억해 내려고 안간힘을 쓰고 있었다. 교수님께서는 다니엘이 언급한 기사의 배경을 자세히 설명하셨다. 그리고 강의 도중에 예고 없이 학생을 호명하고 질문에 답하게 하는 일을 반복하셨다. 그것을 비즈니스 스쿨(business school)에서는 '콜드콜(cold call)'이라고 한다. 내가 새벽에 일어나야 했던 이유도 콜드콜에 대비하기 위해서였다. 그날 나는 콜드콜을 받지 않고 무사히 넘길 수 있었다. 하지만 수업 시간 내내 긴장의 끈을 놓지 못했다.

전략 수립(Strategy Formulation) 수업이 이어졌다. 기업 경영과 관련한 실제 사례를 토론하는 이른바 케이스 스터디(case study) 수업이었다. 따라서 수업 참여도가 학점에 큰 비중을 차지했다. 사실 나는 성적에는 그다지 신경 쓰지 않았다. 하지만 많은 학우들이 거리낌 없이 의견을 개진하는데, 나는 두 달이 지나도록 한 번도 입을 못 연 것이 마음에 걸렸다. 그래서 전날 밤늦게까지 케이스를 여러 번 읽었다. 핵심을 찌르는 한마디와 날카로운 질문을 던지고 싶었다.

그날 수업의 주제는 유통 회사 월마트(Wal-Mart)의 사업 다각화였다. 나는 애경 수원 쇼핑몰을 통해 쌓은 경험을 바탕으로 남다른 시각을 제시할 수 있으리라 생각했다. 하고 싶은 말을 노트에 적어 왔고 암기해 두기까지 했다. 그런데도 심장이 떨렸다.

토론은 약 40분 동안 끊이지 않았다. 월마트와 경쟁사들의 마진(margin) 비교, 월마트의 차별화 전략, 원가 경쟁력, 규모의 경제, 상품의 가격 결정 방법 등에 대해 몇몇 학생들이 각자의 분석을 발표했다. 교수님께서는 활발한 토의를 유도하기 위해 콜드콜을 적절히 활용하셨다. 다니엘과 올리버는 언제나처럼 적극적으로 견해를 내놓았다. 러닝 팀 친구 매튜와 레오나르도, 옐르, 타마도 깊이 있는 소견을 나누었다.

교수님께서 칠판에 결론을 요약하셨다. 내 심장은 여전히 떨리고 있었다.

"Good. Any other comments? Questions?"

번역 "좋아요. 하고 싶은 말이나 질문 있는 사람?"

기회였다. 그런데 오른손을 들려는 찰나 갑작스레 팔이 마비된 것처럼 움직이지 않았다. 아니, 자신이 없었다. 내가 하려는 말을 앞서 누군가가 했을지도 모른다는 우려가 밀려왔다. 빠르게 진행된 갑론을박을 백 퍼센트(100%) 이해하지 못했기 때문이다. 괜히 손을 들었다가 학우들의 웃음거리가 되지 않을까 걱정되었다. 그렇게 망설이고 망설이는 사이 타이밍을 놓쳐 버렸다. 다니엘이 교수님께 질문을 했다. 그 질문 때문에 수업이 5분 늦게 끝났다.

허탈한 심정으로 러닝 팀 친구들을 만났다. 팀 과제를 같이 하기로 되어 있었다. 우리는 주로 유리스 홀 도서관에 모였다. 나는 내가 해야 할 몫을 성실히 수행했다. 하지만 친구들에 비해 여러모로 속도가 느렸다. 들이는 노력에 비해 큰 도움이 안 되는 것 같아 미안하지 않을 수 없었다. 영어가 일차적인 장애 요인이라고 느꼈다. 게다가 1학년 때 수강해야 하는 필수 과목은 기업 금융(Corporate Finance), 재무 회계(Financial Accounting), 경제학(Economics) 등 나에게는 생소한 내용이 대부분이었다.

뉴욕은 도시(city) 이름과 주(state) 이름이 같다.

뉴욕시, 뉴욕주(New York, New York)

그에 대해 미국의 싱어송라이터(singer-songwriter: 작곡가 겸 가수) 제라드 케니(Gerard Kenny)는 뉴욕이 "너무 좋아서 이름을 두 번이나 붙였다(so good they named it twice)"라고 노래한다.

    그런데 나는 뉴욕이 싫었다. 불편한 점이 한두 가지가 아니었다. 지하철 안내 방송을 정확히 알아들을 수 없는 것도, 자가용 없이 걸어 다녀야 하는 것도, 아파트 화장실을 청소하면 금방 누군가 더럽혀 놓는 것도, 수업 시간에 꿀 먹은 벙어리가 되는 것도, 내 방에 햇빛이 들지 않는 것도....

2
아무도 가지 않은 길

옆집 할머니 같은 푸근한 모습의 리안 라크만(Leanne Lachman)은 부동산 업계의 원로였다. 컨설팅 회사를 운영하면서 일정 시간 학교에 상근하며 학생들의 진로 상담을 맡고 있었다.

이력서를 훑어보더니 리안이 대뜸 꺼낸 첫마디는, 원래 있던 자리로 돌아가라는 충고였다. 졸업 후 뉴욕에서 취업하겠다는 나에게 리안이 내린 진단은 이랬다.

"I understand you have lots of experience in Korea, which is great. However, I have to be upfront. There are few opportunities in New York for someone with your background. I mean it would be difficult even if you're willing to start from scratch. So, it makes more sense for you to go back to your last employer in Seoul. They have sponsored you for an MBA. Apparently you were valued within the firm. … I don't see why you should stay in New York."

번역 "계준 씨는 한국에서 경험을 많이 쌓았군요. 그건 아주 좋아요. 그런데 직설적으로 말할게요. 계준 씨와 같은 경력을 가진 사람에게는 뉴욕에 기회가 거의 없어요. 밑바닥에서부터 새롭게 출발한다 해도 어려울 거라는 뜻이죠. 그러니까 서울에 있는 전 직장으로 돌아가는 게 더 타당해요. 그 회사에서 MBA 학자금도 지원해 줬으니, 계준 씨를 높이 평가한 게 분명하구요. … 굳이 뉴욕에 남아야 할 이유를 모르겠네요."

리안의 의견에 공감을 못 하는 건 아니었다. 어차피 뉴욕 생활을 좋아하지도 않았다. 하지만 뉴욕에서 일해 보고 싶은 마음까지 이미 접었다고 한다면 그건 거짓말이다. 단순히 해외 취업을 원한 것은 아니었다. 한국보다 넓은 세계 무대에 대한 맹목적인 열망 때문도 아니었다. '한국행'이라는 안전한 선택이 나에게 최선의 길이라는 확신이 부족했을 뿐이다. 나는 막연하게나마 변화를 꿈꾸고 있었다.

당시 미국 경제는 여전히 불황이었다. 하지만 최악의 국면은 벗어나고 있는 듯했다. 정부가 대규모 양적 완화(quantitative easing) 정책을 발표하며 경기 부양 및 투자 심리 개선에 대한 기대감을 높였다.

그 무렵, 머지않아 한국의 투자 자금이 미국 부동산 시장으로 흘러들 것이라는 추측이 나의 뇌리를 스쳤다. 2008년 미국발 금융 위기로 미국의 부동산 가격이 폭락했기 때문이었다. 미국의 우량 부동산을 저렴한 가격에 인수할 수 있는 환경이 조성되었다고 판단한 것이다. 1997년 한국의 외환 위기 이후 국내 부동산 가격이 하락하자 외국 자본이 서울의 대형 오피스 빌딩을 경쟁적으로 사들였던 것과 같은 이치에서였다.

이로써 새로운 희망이 생겼다. 미국의 부동산 투자 회사에서 중요한 임무를 맡을 기회가 보였다. 투자사라면 투자를 해야 매출이 증가한다. 그런데 투자를 하려면 투자할 돈이 필요하다. 다양한 자금원의 확보는 투자사의 사업 확장에 직결된 과제인 것이다. 따라서 만일 한국 투자 기관이 미국 부동산에 투자하기 시작한다면, 미국의 부동산 투자 회사들이 한국 자본을 끌어오기 위해 노력을 기울일 것이 분명했다. 이를 위해 나와 같은 인력이 필요할 것이라고 나는 생각했다.

나는 미국과 한국 사이에서 가교적 역할을 수행한 경험이 있었다. 내가 주도한 화이자 프로젝트가 대표적인 사례이다. 나는 미국 화이자 제약의 서울 명동 타워 매입, 즉 미국 투자자의 한국 부동산 투자를 성사했다. 한국 투자 기관이 미국 부동산에 투자하는 것은 그대로 투자 자금의 이동 방향만 동쪽에서 서쪽으로 전환되는 것이 아니겠는가.

"You should hold the hand firmly. With eye contact."

번역 "악수를 할 때는 손을 힘 있게 잡아야죠. 눈도 마주치도록 해 보세요."

내가 다시 찾아갔을 때 리안이 나에게 던진 첫말이었다. 당당한 인상을 주기 위해 악수도 신경 쓰라는 것이었다. 나는 악수를 몇 번 연습한 후에야 자리에 앉도록 허락받았다. 그날은 한국에서 미국으로 넘어올 투자 자금에 대해 이야기를 주고받았다.

"You may be right, but honestly I've never heard of Korean investors in the US real estate market."

번역 "계준 씨 생각이 맞을지 모르겠지만, 솔직히 한국 투자 기관이 미국 부동산에 투자했다는 얘기를 들어 본 적이 없네요."

리안의 반응은 회의적이었다.

경력 관리 센터(Career Management Center)의 커리어 코치들과도 면담했다. 그러나 그들도 리안처럼 한국 투자 기관들에 대해 아는 바가 없어 보였다. 그들의 유일한 조언은 부동산 업계에서 일하는 동문들을 만나 보라는 것이었다. 그중 마지막으로 만난 앨리스 그리핀(Alice Griffin)은 나에게 세 명의 이름과 연락처를 적어 주었다. 그 셋은 부동산 사모 펀드 업계의 자금 유치 분야에서 활약하는 동문들이었다. 그날 밤 나는 그들 모두에게 같은 내용의 이메일(email)을 보냈다. 제목에는 "한국 자본(Korean capital)"이라고 썼다. 내 인생의 세 번째 콜드콜이 시작될 것이다.

I was referred to you by Alice Griffin, a Columbia Business School career coach.

> [번역] 콜롬비아 비즈니스 스쿨 커리어 코치 앨리스 그리핀 씨 소개로 연락드립니다.

I am an MBA student with experience in real estate in Korea. I am interested in raising funds from Korea through my contacts, including my previous clients and employers, with a view to working with a private equity firm investing in US real estate. I would love to learn about your experience and your view of the US real estate market.

> [번역] 저는 한국 부동산 업계에서 일한 경력을 가진 MBA 학생입니다. 이전 클라이언트와 직장 등에서 쌓은 인맥을 활용하여 한국에서 자금을 모으고, 사모 펀드 회사와 함께 미국 부동산에 투자하는 데에 관심을 갖고 있습니다. 선배님의 경험과 미국 부동산 시장에 대한 견해를 듣고 싶습니다.

When would you be available in the next couple of weeks to talk? I am happy to come to your office if that is convenient for you. I look forward to hearing back from you. Thanks.

> [번역] 언제쯤 시간을 내어 주실 수 있으신지요? 괜찮으시다면 제가 사무실로 방문하겠습니다. 답장 부탁드립니다. 감사합니다.

가장 빨리 답장을 준 이는 니콜라스(Nicholas)였다. 그는 미국 투자 은행 모건 스탠리의 중역이었다. 단지 이메일 한 통을 보냈을 뿐인데 그가 사무실로 초대해 준 게 무척 고마웠다.

우리는 꽤 오랫동안 대화를 나눴다. 콜롬비아 비즈니스 스쿨, 클러스터, MBA 수업, 뉴욕, 나의 고향 서울, 한식의 상징 김치, 나의 전 직장 애경 그룹, 모건 스탠리에서 운용하는 M 부동산 펀드, 내가 애경에서 M 부동산 펀드에 팔았던 삼성 플라자 오피스 빌딩, 애경이 M 부동산 펀드와 공동으로 출자하여 세운 부동산 개발 회사 그리고 한국 투자 기관들에 이르기까지 여러 가지 주제를 넘나들었다.

니콜라스는 한국 투자 기관이 미국 부동산 시장에 진출할 잠재성에 대해 낙관적이었다. 그러나 그것이 실현되기에는 아직 때가 이르다는 입장이었다.

며칠 후, 다음으로 만나게 된 마이클(Michael)은 이렇게 단정 지었다.

"US real estate investment firms are not familiar with Korean investors."

[번역] "미국 부동산 투자 회사들은 한국 투자 기관들을 잘 몰라요."

그리고 그는 나에게 많은 질문을 하였다. 내가 말하는 한국 투자 기관들의 이름이 무엇인지, 어떤 종류의 기관들인지, 투자 자금을 얼마나 보유하고 있는지, 미국의 어느 지역에 투자하려 하는지, 투자에 대한 심사 기준은 무엇인지…. 나는 명확한 해답을 갖고 있지 않았다.

"Investment firms wouldn't be interested in talking to you, unless you can answer all these questions. So, I would suggest you gather information first about Korean capital that you think would flow into the US. And then you may try to discuss job or business opportunities."

번역 "이 모든 질문에 답할 수 없다면 투자 회사들이 계준 씨를 만나려 하지 않을 거에요. 미국으로 유입될 거라고 생각하는 한국 자금에 대한 정보부터 먼저 수집해 보세요. 취업이나 사업 기회를 논의하는 건 그다음 단계가 될 수 있겠죠."

마이클은 내가 모아야 할 정보를 열거하며 방향을 제시해 주었다.

투자 기관 이름(investor name)
투자 기관 종류(investor type)
운용 자산 규모(assets under management)
부동산 투자 할당액(real estate allocation)
목표 수익률(target returns)
투자 기간(holding period)
목표 투자 지역(target markets)
선호 부동산 유형(preferred property types)
최근 투자 이력(recent investments)
과거 실적(track record)

마이클은 대형 금융 자문사 파OO의 간부였다. 파OO은 사모 펀드 자금 모집 분야의 선도 기업이었다.

나머지 한 명은 답장이 없었다. 2주 후에 이메일을 한 통 더 보냈으나 변함없이 묵묵부답이었다.

리안과 커리어 코치 그리고 니콜라스와 마이클의 의견을 종합해 보니 한 가지 사실이 명백해졌다. 한국 투자 기관들은 미국 부동산 업계에 잘 알려져 있지 않았던 것이다. 그만큼 한국 자본이 미국 부동산에 투자된 적이 거의 없었다는 의미로 해석되었다.

그것 때문에 의욕을 잃지는 않았다. 오히려 경쟁이 치열하지 않은, 아무도 가지 않은 길을 발견했다고 믿었다. 그러기에 새로이 길을 열기만 한다면, 보다 빠르게 도약해 오를 수 있을 것이라고 판단했다.

아무도 가지 않은 길인 만큼 확실한 건 없었다. 한국 투자 기관들이 미국 부동산 투자를 고려하고 있는지 여부부터가 변수였다. 세계 경제가 정상 궤도에 오르고 있다고, 미국 부동산 시장이 실지로 바닥을 찍었다고, 그렇기에 적절한 매수 시기가 다가왔다고 확언할 수도 없었다. 뉴욕의 부동산 투자 회사들이 한국 자본을 나와 같은 시각으로 바라볼지도 미지수였다.

그래도 나는 불확실성의 위험을 감수할 마음의 준비가 갖춰져 있었다. 위험은 기회와 공존하기 마련 아닌가. 따라서 뉴욕의 다른 부동산 회사들에도 연락해 봐야겠다고 다짐했다. 콜드콜의 대상을 대대적으로 확대하기 시작한 것이다.

몇 달 후. 2009년 6월 9일. 영국 일간지 『파이낸셜 타임스(Financial Times)』에 놀라운 기사가 하나 실렸다. 미국의 대형 보험사인 아메리칸 인터내셔널 그룹(AIG: American International Group)이 뉴욕 본사 건물을 한국 금융 기관에 매각하기로 결정했다는 소식이었다.

나는 즉시 리안에게 달려갔다. 예고도 없이 들이닥치다시피 했지만 잠시나마 대화를 나눌 수 있었다. 신문 기사를 찬찬히 읽어 보더니 리안은 한국 투자 자금에 대한 나의 추측이 허황되지 않았다는 증거라고 평가했다. 그러고는 책상 서랍에서 문서를 한 장 꺼내 나에게 건넸다. 지난 한 해 동안 활동이 가장 두드러진 20여 개의 미국 부동산 투자 자문사 목록이 적힌 문서였다. 나는 이들 회사에도 콜드콜을 이어 나갔다.

3개월 후. 2009년 9월 30일. 블룸버그 뉴스(Bloomberg News)가 "에이치에스비시 은행 본사 건물 매각 재추진(HSBC Mulls Headquarters Sale, Again)"이라는 제목의 기사를 내놓았다.

> *HSBC could be set to sell its London headquarters for a third time after confirming that it has received a number of expressions of interest for the*

> *Canary Wharf tower, thought to be valued at close to £880m. ... It is thought that preferred bidders for the sites could be named as early as next week, with reports in the South Korean press indicating that the country's National Pension Service (NPS) is close to buying the London site.*

번역   HSBC가 런던 본사 건물인 카나리 워프 타워를 세 번째로 매각하게 될 것으로 보인다. 다수의 매수인이 관심을 표명한 사실이 확인되었으며, 가격은 8억 8,000만 파운드에 달하는 것으로 알려졌다. ... 우선 협상 대상자가 이르면 다음 주 중으로 선정될 것으로 전망되는 가운데, 한국 내 언론 매체는 한국의 국민연금 공단이 HSBC 런던 본사 건물 매입을 눈앞에 둔 것으로 전하고 있다.

약 2개월 후. 2009년 11월 중순께. 국내외 주요 언론 매체들이 국민연금 공단의 해외 부동산 매매 계약 체결 사실을 일제히 보도했다. 국민연금 공단은 런던 카나리 워프(Canary Wharf)에 위치한 HSBC 타워(HSBC Tower)를 약 1조 5,000억 원(7억 7,250만 파운드)에 매입하기로 했다. 이는 한국의 해외 부동산 투자 사상 최대 규모였다.

곧 겨울 방학이 찾아왔고, 나는 서울로 향했다. 애경 그룹 사장님께 드릴 말씀이 있었다.

"저 졸업하고 바로 복귀하지 않을 수도 있습니다. 뉴욕에서 해 볼 만한 일을 찾았거든요."

언제나처럼 사장님께서는 나를 응원해 주셨고, 내가 학업을 마친 후 언제든 돌아오고 싶을 정도로 애경의 부동산 사업을 키워 놓겠다고 약속하셨다.

"자, 내 술잔 받게."

나는 술잔을 받아 얼른 비우고 다시 사장님께 잔을 넘겨 드렸다. 어느덧 직원들이 적잖이 모였다. 결국 밤이 지새도록 사방으로 술잔이 돌려지고 노래판이 벌어졌다.

그날 밤을 떠올리니 약간의 숙취가 되살아나는 것 같은 느낌이 든다. 과음은 몸에 해롭지만, 개인 생활이 우선인 뉴욕에 살다 보면 더러 한국식 회식이 그리울 때가 있다.

3
의도치 않은 리셋(reset)

겨울 방학을 서울에서 보내고 뉴욕에 돌아오니 공항 입국장의 풍경이 흥미로운 구경거리가 되었다. 피부색과 머리색이 제각각인 여행객들이 뒤범벅되어 가히 인상적이라 할 만했다. 입국 심사를 기다리는 줄이 겹겹이 길게 늘어져 있었지만, 나는 사람 구경 재미에 시간 가는 줄 몰랐다. 1년 전 뉴욕 땅에 첫발을 디딜 땐 깨닫지 못했던, 뉴욕을 뉴욕답게 만드는 다양성의 한 단면이 비로소 눈에 들어왔다.

공항을 빠져나오면서 사방을 몇 차례 두리번거렸다. 예전에 만난 한인 택시 기사가 나와 있지 않을까 했지만 없었다. 나는 옐로캡(yellow cab: 뉴욕의 노란 택시)을 잡아탔다. 살갗이 시커멓고 체격이 큼직한 사내가 운전대를 잡고 있었다. 그는 말이 없었다. 카오디오에서는 무한궤도의 노래 「그대에게」가 흘러나오지 않았다.

창밖을 내다보며 가만 생각해 보니 어쩐지 모든 것이 낯설고 신기하게만 느껴졌다.

그날 이후 그동안 무심코 지나쳤던 것들, 보이지 않던 것들이 보이기 시작했다. 마치 리셋 버튼이 눌려진 듯, 우중충하던 뉴욕의 빛깔이 자취를 감추고 다채로운 색상이 도시 곳곳에 입혀졌다.

센트럴 파크에서 유모차를 밀며 나를 앞질러 달려가는 빨강 머리 여인의 약동감. 잠들지 않는 타임스 스퀘어를 대낮처럼 밝힌 초대형 전광판의 화려함. 1년 365일 록펠러 센터(Rockefeller Center) 광장을 가득 채운 여행객들의 발자취. 삭스 피프스 애비뉴(Saks Fifth Avenue) 쇼윈도의 크리스마스 장식에 넋을 잃은 꼬마들의 작은 뒷모습. 트라이베카(TriBeCa)의 조약돌 깔린 골목 어귀에서 들려오는 길거리 악사의 팬 플루트(pan flute) 연주. 브라이언트 파크에서 유유히 물결치듯 돌아가는 회전목마. 내가 "우리 집"이라 부른 낡은 아파트에서 묻어나는 세월의 흔적과 따스함....

날이 갈수록 나는 뉴욕이 좋아졌다. 내가 태어나고 자란 서울과 많이 다름을 받아들였고, 다르기 때문에 불편한 점들이 점점 사라져 갔다.

한편 나는 콜드콜을 지속했고, 인터넷 검색과 이메일 작성이 일상생활에서 크나큰 비중을 차지했다. 뉴욕의 부동산 업계 사람들을 한 사람 한 사람 찾아내 만나자는 요청을 전송했다. 한국 투자 기관 관련 기회를 논의함과 동시에 나의 존재를 알리기 위해서였다. 한국 자금을 모집하여 투자하고자 하는 부동산 투자사를 찾고, 그 회사에 합류하는 것이 궁극적인 목표였다.

여가 시간에는 교외 행사에 참석하기도 했다. 다양한 분야의 인맥을 폭넓게 구축하고 싶었다. 한두 번 우연히 마주친 누군가가 진로 결정에 도움을 줄지 모른다는 일말의 기대도 가지고 있었다. 사회학자 마크 그래노베터(Mark Granovetter)가 발견한 '약한 연결의 힘(the strength of weak ties)'을 나도 모르게 의식했던 것 같다.

낯선 사람들과 어울리는 자리가 즐겁지만은 않았다. 물 위의 기름처럼 겉도는 느낌을 지울 수 없었다. 그렇다고 혼자 어색하게 서성이며 시간을 허비할 수는 없지 않은가. 만사 제쳐 놓고 참석한 만큼 내가 먼저 다가가 말을 걸었다. 이것도 넓은 의미에서 콜드콜에 속한다.

이메일 한 통이 만남으로 이어지는 경우는 드물었다. 이런저런 사교 모임에 나가 봐야 헛수고로 끝날 것 같았다. 그래도 중도에 그만둘 수 없었다. 사실 달리 좋은 방도가 떠오르지 않았다. 내가 지향하는 길은 아무도 가지 않은 길이었기 때문이다. 이미 만들어진 일자리를 찾는 것이 아니라 없는 일자리를 만들어야 했던 것이기 때문이다.

멀리 불빛이 보였다. 열차의 도착을 알리는 안내 방송이 승강장 안에 울려 퍼졌다.

늦은 밤. 3호선 지하철 안. 맞은편 두 중년 남성의 머리 사이로 유리에 비친 내 얼굴을 물끄러미 바라보았다. 오랫동안 억지웃음을 지었더니 안면 근육이 뻣뻣하게 굳어 버렸다. 뉴욕 부동산 투자 포럼과 교류회를 마치고 귀가하는 길이었다.

열차가 다음 역에 정차하자 승객들이 우르르 올라탔다. 작은 체구의 흑인 여성이 내 앞에 바짝 붙어 큰 가방을 바닥에 내려놓았다. 나는 고개를 푹 숙이고 눈을 감아 버렸다. 몰려오는 피로감의 무게에 가위눌린 듯 몸을 꼼짝도 할 수 없었다. 얼마 후 주변의 소리가 멀어지는 듯하더니, 친숙한 남성의 음성이 귓속을 파고들었다.

"The next stop is Harlem 148th Street. Stand clear of the closing doors please."

〖번역〗 "다음 역은 할렘 148가입니다. 문이 닫히고 있으니 물러서 주시기 바랍니다."

잠이 확 달아났다. 나는 반사적으로 사람들을 밀치고 튀어 나갔다. 96가 환승역에서 1호선으로 갈아타야 했는데, 열차가 환승역을 지나 동쪽 선로를 따라 멀찌감치 올라와 버린 것이었다.

할렘역 밖은 고요와 어둠의 거리였다. 사람도 차도 별도 모두가 사라진 거리였고, 내가 한 번도 가 본 적이 없는 거리였고, 속히 벗어나야겠다고 생각한 거리였다. 택시를 기다리다 지쳐 가로등 불빛을 따라 걸어 내려갔다.

센트럴 파크 시쪽 도로변에는 긴 의자가 하나 있었다. 의자에는 수염과 머리카락을 길게 기른 남성이 속살이 드러나는 남루를 걸친 채, 등을 동그랗게 구부리고 앉아 있었다. 그가 고개를 홱 돌려 나를 쳐다보았다. 나는 시선을 정면으로 고정하고 걸음을 재촉했다. 한참 뒤 충분히 멀어진 것 같아 슬쩍 뒤를 돌아보았다. 의자에는 아무도 없었다. 남자는 어둠 저편으로 터덜터덜 힘없이 걸어 올라가고 있었다.

남자의 그림자가 사라졌을 때, 나는 문득 생각했다.

'뉴욕에서의 나는 한국에서의 나와 전혀 다른 모습이다.'

마치 리셋 버튼이 눌려진 듯, 내가 한국에서 자랑스럽게 쌓아 올린 세상이 형편없이 작아져 보였다. 그것은 밑바닥으로 내려와 겸허한 자세로 다시 올라가야 한다는 깨달음이었다. 새로운 삶을 개척하기 위해서....

4
고장난 나침반

Dear Edward,

번역 *에드워드 씨, 안녕하십니까.*

I am Kye Joon Lee, a Columbia Business School MBA student with experience in real estate in Korea. I found your name in an article about the Mxxx. I would greatly appreciate if you would take time to talk to me or forward this email to the appropriate contact within your firm.

번역 콜롬비아 비즈니스 스쿨 MBA 과정에 재학 중인 이계준이라고 합니다. 저는 한국 부동산 업계에서 일한 경력을 가지고 있습니다. 엠OOO에 대한 신문 기사를 보고 말씀을 한 번 나누고 싶어 연락드립니다. 회사 내에 다른 적합한 분이

계시면 이 이메일을 전달해 주셨으면 합니다.

I am interested in sourcing capital from Korean investors to invest in US real estate. I am seeing upcoming opportunities for Korean equity and debt to flow into the US. I would love to learn about your fund-raising and investment experience as well as your view of the US real estate market.

번역 저는 한국 투자자들로부터 자금을 모집하여 미국 부동산에 투자하는 데에 관심이 있습니다. 조만간 한국의 투자 자금이 미국으로 흘러들 것이라고 전망하기 때문입니다. 선생님의 자금 유치 및 투자 경험과 미국 부동산 시장에 대한 견해를 듣고 싶습니다.

When would you be available in the next couple of weeks to talk? I am happy to come to your office if that is convenient for you. I look forward to hearing from you. Thanks.

번역 언제쯤 시간을 내어 주실 수 있으신지요? 괜찮으시다면 제가 사무실로 방문하겠습니다. 답장 부탁드립니다. 감사합니다.

Kind regards,
Kye Joon

번역 이계준 드림

워런 홀(Warren Hall) 건물의 빈 강의실. 여느 때처럼 부동산 투자 회사의 홈페이지에서 경영진 및 주요 인력들의 이력을 읽어 보고 있었다. 콜롬비아 비즈니스 스쿨 출신이 눈에 띄면 그 동문의 이메일 주소를, 그렇지 않으면 최고 경영자의 이메일 주소를 찾아내 저장했다. 성과 이름을 적절히 조합하여 주소를 추측해야 할 때도 있었다.

메일은 한꺼번에 발송했고 보통 하루 일과의 마지막이었다. 한국에서 온 학생이라는 서두로 시작하여, 한국 투자 자금이 미국으로 흘러들 것이라는 전망과 함께 조언을 구한다는 요청을 덧붙였다. 마땅한 취직자리가 있는지 묻지는 않았다. 일단 만나게 되면 자연스럽게 이야기를 꺼낼 생각이었다. 어떤 회사인지 아직은 자세히 모르기 때문이기도 했다. 일차적인 목적은 회사의 사업 실태를 파악함과 동시에 한국 자금에 대해 회사의 관심을 유발하는 것이었다.

옆자리에서는 동갑내기 단짝 친구 토미가 무언가에 몰두해 있었다. 중견 베어링(bearing) 제조업체 집안의 외아들인 토미는 베이징에서 태어나고 런던에서 대학을 졸업한 엔지니어였다.

휴대폰이 드르르 진동하며 정적을 깼다. 토미와 나는 서로의 얼굴을 향해 고개를 돌렸다. 그때 나는 혹시 내가 연락한 누군가가 답장을 보내온 게 아닐까 하는 짐작을 해 보았다.

I spoke with Richard xxx, a partner in charge of our real estate investment banking and advisory busi-

ness in Asia. Richard would be interested in speaking with you in regard to our strategy for Korean and other Asian capital markets. Below is his contact information. Richard looks forward to your call or email.

[번역] 리처드 OOO와 이야기를 나눴습니다. 리처드는 우리 회사의 파트너이며 아시아에서 부동산 투자 은행 업무 및 자문업을 담당하고 있습니다. 리처드가 한국 및 아시아 자본 시장을 위한 전략에 대해 계준 씨와 통화하고 싶어 합니다. 그의 연락처는 아래와 같습니다. 리처드에게 전화나 이메일 부탁합니다.

에드워드(Edward)가 회신한 것이었다. 그는 시카고(Chicago)에 본사를 둔 부동산 투자 자문사 엠OOO의 뉴욕 사무소 파트너였다. 내가 그에게 메일을 발송한 건 하루 전날 밤이었다. 그렇게 빨리 답장이 올 줄은 몰랐다. 뜻밖의 기쁜 일이었다.

"Let's go to Puerto Rico after the finals. And then Alaska and Yellowstone. How does that sound?"

[번역] "이번 기말시험 끝나면 푸에르토리코 같이 가자. 그다음에 알래스카하고 옐로스톤. 어때?"

토미가 특유의 영국식 악센트로 물었다.

"Let's go. Let's go. We gotta purchase flight tickets

right now. I just found discount tickets!"

번역 "가자. 가자. 비행기표 지금 사야 돼. 방금 할인 티켓 찾았어!"

머뭇대는 나에게 토미가 답변을 재촉했다.

"Isn't it too early? It's more than two months away.... I'll think about it."

번역 "벌써? 두 달 넘게 남았는데.... 생각해 볼게."

나는 선뜻 호응할 수 없었다. 시험을 마치고 나면 여행보다는 하루속히 일을 시작해야겠다는 생각뿐이었다. 나의 미적지근한 태도에 친구는 익살스러운 표정을 지었다.

"By the way, are you hungry? Let's go grab something to eat. Uris Deli?"

번역 "근데 배고프지 않아? 뭐 좀 먹자. 유리스 델리 갈래?"

나는 기어이 말을 돌려 버리고 말았다.

일주일 후. 리처드와 통화가 이루어졌다. 그는 한국 투자 기관들이 해외로 진출할 것이라고 확신하고 있었다.

"Thanks for reaching out. ... We believe Korea is going to emerge as an important source of capital for the global real estate market."

번역 "연락 주셔서 고맙습니다. ... 한국이 세계 부동산 시장에서 중요한 자금원으로 부상할 것입니다."

동시에 그는 더 큰 그림을 그리고 있었다. 한국에서뿐만 아니라 중국, 일본 등에서도 해외 부동산 투자를 위한 움직임이 확산

될 것으로 내다보고 있다며 아시아 자본 시장 전체를 석권하겠다는 야망을 드러냈다.

나는 투자자들과 신뢰를 구축하는 것이 우선이며, 해외 부동산 투자가 본격화되지 않은 지금이 그 일을 할 적기라고 주장했다. 경쟁사들이 몰려들기 전에 유리한 고지를 선점해야 한다는 의미였다. 그리고 한국 부동산 업계에서 쌓은 인맥과 한국 자본 시장에 대한 지식을 겸비한 인재를 영입하라고 권고했다. 한국을 잘 아는 직원 한 명 없이 한국을 공략하기에는 문화적 진입 장벽이 높다는 점을 강조했다.

리처드는 나와 의견을 같이했다. 그의 회사는 불과 1년 반 전에 홍콩에 사무실을 열었다. 아시아 시장 진출은 갓 걸음마를 뗀 셈이었던 것이다. 그 사실에 나는 고무되었다. 내가 기여할 부분이 많을 것이라고 판단되었기 때문이다.

그때부터 한 달여 동안 전화와 이메일이 여러 차례 오갔다. 리처드와 나를 연결해 준 뉴욕 사무소 에드워드와도 만남을 가졌다. 그리고 나는 미리 준비해 둔 한국 투자 기관들 목록을 리처드에게 보내 주었다. 그 목록에는 한국 투자 공사, 국민연금 관리 공단, 각종 공제회, 보험사 등 약 30개의 기관명이 나열되어 있었다. 리처드에게는 대부분 생소한 이름인 듯했다. 사실 나에게도 직간접적으로 인맥이 닿는 기관들은 몇 안 됐다. 인터넷 검색으로 발굴한 일종의 리드(lead), 즉 잠재 고객에 대한 정보일 뿐이었다. 그에게 그렇게 말하지는 않았다. 오히려 자신 있게 약속했다.

"I can get you in front of all of them, if you want."

[번역] "원하신다면 제가 다 만나게 해 드릴 수 있습니다."

리처드는 나를 의심하지 않는 것 같았다. 그와 나 사이에 정보의 비대칭이 존재했던 것인지도 모른다.

물론 나는 한국의 투자 기관들과 만나는 것 자체가 어려울 것이라고 생각하지 않았다. 지인들을 동원해 연결 고리를 찾거나, 아니면 콜드콜만으로도 충분히 지킬 수 있는 약속이라고 가정했다. 반드시 사업 기회를 만들어 주겠다고 허풍을 떨지는 않았다. 투자자들과의 면담을 통해 해외 부동산 투자에 대한 수요를 파악하고, 투자자들과 협력할 방안을 모색하는 것이 당면 과제임을 명확히 했다.

리처드도 무슨 일이든 절차가 있지 않느냐며, 회사를 한국에 소개하는 것만으로도 장기적으로 가치 있는 일이라고 결론지었다.

"If that's the case, I can help you, and I would like to help you."

[번역] "그렇다면 제가 도울 수 있고, 도와 드리고 싶습니다."

이것이 나의 마지막 한마디였다.

마침내 여름 방학 동안 홍콩에서 리처드와 힘을 합쳐 보기로 했다. 모든 일이 완벽하게 뜻하는 대로 되고 있다는 느낌이 들었다. 나는 한국 투자 기관들의 미국 부동산 투자를 촉진시키는 일에 뛰어들어야겠다고 결심을 굳혔다. 졸업 후 뉴욕에 남아야겠다고, 다소 성급했지만, 결단을 내린 것이다. 이 소식을 알리자 부모님만큼이나 기뻐한 인물이 한 명 있었다. 그 인물은 바로 내가 멘토로 삼고 있었던 리안(Leanne)이었다.

내가 잘된 것은 리안 덕분이었다. 구체적으로 말하면 약 1년 전에 리안이 나에게 서류를 한 장 챙겨 주었기 때문이다. 그 서류에는 20여 개의 미국 부동산 투자 자문사 이름과 연락처가 정리되어 있었다. 나는 그 회사들에 콜드콜을 했다. 그중 하나가 리처드의 회사였던 것이다.

2010년 4월 28일. 미국 부동산 업계 주간지인 『리얼 에스테이트 얼러트(Real Estate Alert)』 1면에 아래와 같은 기사가 실렸다.

> *Korean investors snag Wells building in SF*

[번역] 한국 투자자들 샌프란시스코 웰스 빌딩 낚아채다

> *A consortium of South Korean investors has agreed to pay about $328 million for a San Francisco office building fully leased to Wells Fargo. ...*

[번역] 한국 투자자 컨소시엄이 웰스 파고가 전체를 임대해 사용 중인 샌프란시스코 오피스 빌딩을 약 3억 2,800만 달러에 매입하기로 했다. ...

2010년 6월 14일. 로이터 통신(Reuters)은 한국 교직원 공제회, 새마을 금고 연합회 등이 컨소시엄을 구성해 샌프란시스코 금융가에 위치한 대형 오피스 빌딩을 3억 3,300만 달러에 매입했다고 전했다. 웰스(Wells) 빌딩 매매 거래가 성공적으로 클로징

(closing)된 것이었다. 한국 자본이 미국 부동산 시장으로 넘어올 것이라는 나의 예측이 조금씩 힘을 얻어 가고 있었다.

그해 여름은 쏜살같이 지나갔다. 나는 홍콩 사무실로 출퇴근하면서 인천 공항을 1, 2주 간격으로 들락거렸다. 한국 투자 기관들을 만나기 위해 2박 3일 정도의 짧은 출장을 되풀이했다.

서울에서의 일정은 항상 빡빡하게 채웠다. 이른 아침부터 날이 저물 때까지 한 시간 회의하고 이동하고 회의하고 이동하기를 반복했다. 그리고 투자자들의 말 한 마디 한 마디에 귀 기울였다. 예상대로 대부분의 기관들이 해외 부동산 투자에 흥미를 보였다. 투자를 당장 실행할 계획은 없었지만, 시장의 변화 추이에 촉각을 세우고 있었다. 소수의 대형 기관들은 이미 세계 주요 도시의 상업용 오피스 빌딩 매입을 추진하는 중이었다.

홍콩에 돌아가서는 하루 종일 전화를 붙들고 다음 출장 스케줄을 잡았다. 이 역시 콜드콜의 연장선 위에 있었다. 그렇게 나는 한국 투자 기관들 각각을 서너 차례 이상 방문하여 그들의 투자 성향과 목표를 파악할 수 있었다. 또한 함께 일한 리처드의 어깨너머로 여타 아시아 지역의 자본 시장에도 눈뜨게 되었다.

서로 안부를 묻자마자 나는 널찍한 에이투(A2) 용지 한 장을 테이블 위에 펼쳐 보였다.

"This is a spreadsheet summarizing the information about Korean institutional investors. Investor name, investor type, assets under management, real estate allocation, target returns, holding period, target markets... I've collected everything on my own."

번역 "한국 투자 기관들에 대한 정보를 요약한 문서입니다. 투자 기관 이름, 투자 기관 종류, 운용 자산 규모, 부동산 투자 할당액, 목표 수익률, 투자 기간, 목표 투자 지역... 모두 제가 직접 수집한 정보입니다."

테이블 반대편에는 금융 자문사 파○○의 마이클(Michael)이 앉아 있었다. 그는 1년 전 나에게 한국 기관에 대한 정보를 모아 보라고 했던 장본인이었다. 나는 지난여름 홍콩과 서울을 오가며 그의 조언을 실천으로 옮긴 것이었다.

"I estimate a total of $4.4 billion will come out of Korea. Half of it will be invested in the US. The most preferred investment destinations are the major cities, including New York, LA, and San Francisco. They are mostly interested in acquiring high-quality office properties. ..."

번역 "저는 한국에서 해외 부동산 시장으로 넘어올 자금이 약 44억 달러에 달할 것으로 추산하고 있습니다. 그중 절반은 미국에 투자될 것입니다. 투자자들이 가장 선호하는 지역은 뉴욕, LA, 샌프란시스코 등 주요 도시이고, 우량 오피스 매입에 관심이 많습니다. ..."

마이클은 곧장 동료 두 명을 회의실로 불러들였다.

며칠 후, 나는 모건 스탠리의 니콜라스(Nicholas)에게 전화를 걸었다.

"I estimate a total of $4.4 billion will come out of Korea. Half of it will be invested in the US. The most preferred investment destinations are the major cities, including New York, LA, and San Francisco. They are mostly interested in acquiring high-quality office properties. Investment horizons are over 5~10 years. Target returns ..."

번역 "저는 한국에서 해외 부동산 시장으로 넘어올 자금이 약 44억 달러에 달할 것으로 추산하고 있습니다. 그중 절반은 미국에 투자될 것입니다. 투자자들이 가장 선호하는 지역은 뉴욕, LA, 샌프란시스코 등 주요 도시이고, 우량 오피스 매입에 관심이 많습니다. 투자 기간은 5~10년 이상이고, 목표 수익률은 ..."

"Wow, it's very intriguing. Why don't we meet for lunch at our lounge next week?"

번역 "이야, 아주 흥미진진한데요. 다음 주에 우리 회사 라운지에서 점심 같이 하는 거 어때요?"

니콜라스가 나의 말을 끊으며 물었다. 나의 대답은 당연히 "예스(Yes)."였다.

"Put on a tie and jacket please."

번역 "타이 매고 재킷 입고 와 주세요."

타임스 스퀘어에 위치한 모건 스탠리 본사 최상층 귀빈용 라운지. 입구에 들어서자 니콜라스가 가장 먼저 눈에 띄었다. 그는 한 남자와 식사를 하고 있었다.

"I'm sorry for being late."

번역 "늦어서 죄송합니다."

나의 사과에 애써 입꼬리를 올리는 듯한 말끔한 두 백인 남성. 그들의 접시는 절반쯤 비워져 있었다. 나도 어색한 웃음을 지으며 자리에 앉았다. 이마에서 땀방울이 비 오듯 쏟아져 내렸다. 와이셔츠는 축축하게 젖어 있었다. 나는 삼십 분이나 늦게 도착했다. 그날따라 지하철이 지연됐고, 설상가상으로 출구를 착각하여 반대 방향으로 걷다가 허둥지둥 뒤돌아 전속력으로 달렸다. 니콜라스 앞에 앉은 남성의 이름은 토마스(Thomas)였다. 그의 명함을 받아 보니 니콜라스의 상사임을 알 수 있었다.

나는 준비한 출력물을 한 장 넘겼다.

"Korea has lots of liquidity in the market at the moment. However, the Korean real estate market is relatively shallow for the institutional investors. So, it's difficult for them to find investment opportunities locally in Korea. This means that they are being forced to go outbound. ..."

번역 "현재 한국은 시중에 여유 자금이 많이 돌고 있습니다. 하지만 한국의 부동산 시장은 상대적으로 작습니다. 따라서 기관 투자가들이 투자 대상을 찾는 데 어려움을 겪고 있습니다. 이는 투자자들이 해외로 나갈 수밖에 없다는 것을 의미합니다. ..."

한국의 자본 시장 현황, 향후 3년간 예상 해외 부동산 투자액

등 지난 4개월 동안 발품을 들여 파악한 모든 것을 그들 앞에 늘어놓았다. 이어서 한국 자금을 활용한 신사업 기회, 신사업 추진 일정, 단계별 마케팅 전략 및 비용, 매출 목표, 수익성 등을 미국 부동산 투자 회사의 관점에서 설명했다. 맨 뒷장에서는 앞서 제안한 신사업을 위해 만들어야 할 직무를 묘사했다. 내가 맡고 싶은 일을 구체적으로 알리고자 했던 것이다. 점심은 거의 먹지 못하고 자리에서 일어났다.

라운지를 나가는 길에 토마스가 물었다.

"Would you mind getting me the business plan?"

번역 "그 사업 계획서 주실 수 있어요?"

나는 아이디어만 뺏기는 것 아닐까 했지만 거절할 수 없었다.

사업 계획서를 찬찬히 훑어보다가 리안이 흐뭇한 미소를 지으며 물었다.

"Did you contact Pxxx and Axx yet?"

번역 "푸OOO하고 아OO 연락해 봤어요?"

"No. I wanted to talk to Pxxx but couldn't find any contacts. I haven't heard of Axx."

번역 "아니요. 푸OOO은 연락해 보고 싶었는데 적당한 사람을 못 찾았어요. 아OO는 제가 모르는 회사이고요."

"Let's ask Professor Hopkins for the introduction. She knows the CEOs well."

번역 "홉킨스 교수가 두 회사의 CEO를 잘 아니까 소개를 부탁해 봅

시다."

리안은 더 이상 나에게 서울로 돌아가는 게 낫겠다고 말하지 않았다.

푸OOO은 미국 대형 보험사의 자회사로서 금융계에서 인지도가 높은 부동산 투자 회사였다. 몇 년 전까지 한국 부동산에도 투자하여 한국 시장에 널리 알려져 있었다. 따라서 오랫동안 내가 취업하고 싶어 했던 회사였다. 아OO 또한 알고 보니 세계적인 사모펀드였다. 리안은 지체 없이 나를 홉킨스 교수에게 추천했고, 홉킨스 교수는 기꺼이 푸OOO과 아OO의 CEO 앞으로 편지를 보냈다.

푸OOO의 CEO 제임스 패터슨(James Patterson)과의 통화는 짧게 끝났다. 나의 전화 프레젠테이션을 잠자코 듣기만 하더니 그는 "우리 회사에 관심 가져 주셔서 고맙습니다."라고 다소 형식적인 말을 했다. 그리고 아시아와 관련된 내용은 크리스틴 존슨(Christine Johnson)과 상의해 보라고 했다. 크리스틴은 푸OOO 아시아 본부의 수장이었다. 나는 제임스의 비서로부터 크리스틴의 연락처를 받자마자 크리스틴에게 전화 통화를 원한다고 이메일을 썼다.

며칠 후, 홉킨스 교수가 소속되어 있는 폴 밀스타인 부동산 센터(The Paul Milstein Center for Real Estate)에서 이메일이 왔다.

I thought this might be the case and don't want to bother if they really don't have time. I'm glad James Patterson at Pxxx worked out as a contact.

번역 짐작한 대로입니다. 시간 없다는데 굳이 귀찮게 않는 것이 좋겠어요. 푸OOO의 제임스 패터슨하고는 연락이 닿았다니 잘됐네요.

그 밑에는 사모 펀드 아OO의 CEO 케빈 테일러(Kevin Taylor)가 비서를 통해 전한 메시지가 첨부되어 있었다.

Due to Kevin's extremely heavy overseas travel schedule, a meeting or phone call would not be possible. Also at this time there are no plans for any investments in Korea. Should anything change I'm sure Kevin will be in contact.

번역 케빈의 매우 바쁜 해외 출장 일정 때문에 회의나 전화 통화는 어렵겠습니다. 또한 현재 저희는 한국에 투자할 계획이 없습니다. 상황이 바뀌면 케빈이 연락드릴 것입니다.

아마도 아OO에서는 내가 '미국에서 한국으로 투자'하는 일을 하고자 하는 것으로 오해했나 보다. 나는 그 반대, 즉 '한국에서 미국으로 투자', 더 나아가 '아시아에서 미국으로 투자'하는 일에 열정을 쏟고 있었는데 말이다. 아무튼 아OO의 케빈은 나의 이야기를 들어 볼 마음이 없음을 알 수 있었다.

케빈의 비서가 보내온 답장에는 홉킨스 교수가 케빈에게 보낸 메일도 포함되어 있었다.

> *I wanted to reach out to you regarding a current MBA student, Kye Joon Lee. He has met in depth with Leanne Lachman, and upon her suggestion (and probing) I believe that there may be some benefit to making an introduction.*

번역 이계준이라는 MBA 재학생과 관련하여 연락드립니다. 리안 라크만의 지도를 받아 온 학생이며, 리안이 엄밀한 검증을 거쳐 추천했습니다.

> *Kye Joon spent his summer with Korean institutional investors. He learned about the strong interest in capital allocations for international real estate. He believes there is significant Korean capital flowing into the US, Europe, and other Asian real estate markets. It would be helpful for him to meet with someone (either yourself or someone at Pxxx) with a view about the global investments to work with these potential outbound capital flows in the Korean property market. ...*

번역 이계준 학생은 올여름을 한국의 기관 투자자들과 보냈습니다. 그는 한국 기관들이 해외 부동산에 큰 관심을 갖고 있다는 사실을 알게 됐습니다. 그리고 대규모의 한국 자금이 미국과 유럽, 한국 밖의 아시아 시장으로 유입될 것이라고 믿고 있습니다. 그가 대표님 또는 푸OOO의 다른 누군가와 이러한 한국 자금의 잠재적인 흐름에 대해 의논해 볼 수 있다면 도움이 될 것 같습니다. ...

그런데 홉킨스 교수의 이메일에 작은 실수가 있었다. "아OO"라고 적어야 했던 부분에 "푸OOO"이 적혀 있었다. 푸OOO에 이메일을 보낸 다음, 회사 이름을 바꾸지 않은 채, 같은 글을 아OO에도 보냈던 모양이다. 폴 밀스타인 부동산 센터의 총무팀 직원이 홉킨스 교수를 대리하여 발송한 것이었다. 보내기 버튼을 누르기 전에 오탈자 수정만 제대로 했어도, 어쩌면 아OO와의 논의가 그렇게 허무하게 물거품이 되지 않았을지도 모른다. 어쨌든 리안과 홉킨스 교수는 너무나 고마운 분들이었다.

한편 나는 푸OOO의 크리스틴에게 두 번째 이메일을 보냈다. 그러나 응답이 없기는 마찬가지였다. 한 달이 지난 후 세 번째 메일에는 CEO인 제임스도 수신인에 포함시켰다. 최고 경영자를 통했으니 된다 안 된다 대답을 달라는 무언의 압력이었다. 그때에 이르러서야 비로소 뭉툭한 두 줄 답장이 왔다.

We have decided to hire Mr. Kwon for our business

in Korea. I will forward your CV to Mr. Kwon.

번역　우리는 한국 관련 사업을 위해 권OO 씨를 채용하기로 했습니다. 권OO 씨에게 이력서를 전달하겠습니다.

결국 크리스틴과는 통화가 성사되지 않았다. 푸OOO에서는 내가 찾던 자리가 권 아무개 씨에게 넘어간 것 같았다.

여전히 나는 콜드콜에 박차를 가하고 있었다. 업계 신문에 거론되는 부동산 투자사들 하나하나를 그냥 지나치지 않았다. 회사 홈페이지를 살펴보고, 경영진 이력을 조사하고, 이메일 주소를 찾아내고, 이메일을 전송하는 습관적인 노력을 지속했다. 누구든 흥미를 보이면 사업 계획서를 챙겨 들고 달려갔다. 그리고 같은 레퍼토리를 반복했다.

"Korea has lots of liquidity in the market at the moment. However, the Korean real estate market is relatively shallow for the institutional investors. So, it's difficult for them to find investment opportunities locally in Korea. This means that they are being forced to go outbound. ... There is not much competition yet. You should start now in order to better position yourself to capture potential capital outflow from Korea. ... I'm prepared to help you."

번역　"현재 한국은 시중에 여유 자금이 많이 돌고 있습니다. 하지만 한국의 부동산 시장은 상대적으로 작습니다. 따라서 기관 투자가

들이 투자 대상을 찾는 데 어려움을 겪고 있습니다. 이는 투자자들이 해외로 나갈 수밖에 없다는 것을 의미합니다. … 아직 경쟁이 치열하지는 않습니다. 한국에서 넘어올 자금을 유치하는 데 더 좋은 위치를 확보하려면 지금 바로 시작해야 합니다. … 제가 도울 준비가 되어 있습니다."

그러던 어느 날 미국 클리블랜드(Cleveland) 소재의 타OOO와 영국 런던의 락OOO이 한국 기관으로부터 일정 금액의 투자를 일임받았다는 소문을 접했다. 나는 여느 때처럼 이 두 회사에도 콜드콜을 해 보았다. 정말 한국 고객이 생겼다면 나하고 대화가 잘 통할 것 같았다. 아니나 다를까 두 회사가 다 한국인을 한 명 채용하려 하고 있었다. 새로 생긴 한국 고객을 위해서라고 했다.

내가 바라던 업무는 아니었다. 나는 기존의 고객만을 담당하기보다는 신규 고객을 유치하여 투자하고, 한국뿐만 아니라 아시아 타국까지 커버하고 싶었다. 그래야만 빠르게 성장할 수 있는 기회를 만들 수 있다고 믿었다.

그래도 나는 이력서를 보냈고, 면접차 클리블랜드도 런던도 다녀왔다. 그 결과 '최선이 안 되니 차선이라도 택해야 하느냐.'라고 고심할 일은 생기지 않았다. 두 회사 모두 나를 선택하지 않았다.

나를 선택하지 않은 것은 비단 이 두 회사만이 아니었다. 나의 보낸 편지함을 열어 보니 답 없는 이메일이 셀 수 없을 만큼 쌓여 있었다. 시간이 갈수록 뉴욕에서 원하는 일자리를 만들 수 있으리라는 희망이 사라져 갔고, 인생의 방향에 대한 의문에 머리가 복잡해졌다. 급기야 부동산 투자 회사가 아니더라도 구인 공고가 보이면 무작위로 이력서를 제출하기에 이르렀다. 일단 어디든 취업을 해야 한다는 생각 때문이었다. '차선이 안 되니 차차선, 아니 차차차선이라도 택해야 하느냐.' 하고 고심할 일이라도 생기기를 바랐다. 그러나 그조차도 수월하지 않았다.

불투명한 미래에 대한 불안과 더불어 언젠가부터 뉴욕이라는 도시에 대한 그리움이 더해 갔다. 그 심경은 미리 앓는 향수병 같은 거였다. 왠지 곧 뉴욕을 떠나야 하리라는 예감 때문이었던 것 같다. 처음에는 뉴욕이 싫었지만, 갑자기 나도 모르게 뉴욕의 매력에 빠져들었나 보다. 그리고 토미를 따라 푸에르토리코에 가지 않은 것에 대해 뒤늦은 후회가 밀려왔다.

5
나만의 기회를 만들다

　우여곡절 끝에 나를 받아 준 회사가 한 군데 나타났다. 신생 부동산 투자 자문사였다. 두 명의 공동 창업주 이외에 아직은 직원이 없는 2인 기업이었다. 한국 자금 관련 사업 계획을 실행에 옮길 수 있는 무대는 아니었다. 창업 초기 단계에 있는 작은 회사였기에 새로운 사업에 투입할 재원이 없었다. 당장 진행 중인 자문업의 성패만이 중요하게 여겨졌다. 그러나 그 회사조차 나를 선택하지 않았다면 졸업과 동시에 서울행을 택했을지도 모른다. 어디에도 소속되지 않은 채로 구직 활동만을 계속할 물적, 심적 여유가 없었기 때문이다.
　비록 첫 단추를 온전히 채운 건 아니었지만 적어도 뉴욕 생활을 연장하는 구실은 만들었다. 그렇게 시간을 버는 것도 나의 목표에 부합하는 직장을 찾기 위한, 한국 자금에 대해 뜻을 같이할 누군가를 만나기 위한 여정의 일부라고 간주했다.

어퍼 웨스트 사이드의 브로드웨이와 암스테르담 애비뉴 사이 97가(97th Street) 도로변. 한 아파트 앞에서 택시를 내렸다. 입구 캐노피(canopy)에는 "포웰톤(The Powellton)"이라고 건물 이름이 적혀 있었다. 나는 트렁크에서 짐을 꺼내 정문 가까이 내려놓았다. 도어맨(doorman)이 손수레를 끌고 나왔다.

"Hi. Are you visiting here? Who are you looking for?"

번역 "안녕하세요. 여기 오셨어요? 누구 손님이죠?"

"Yes, I'm going to the apartment 6x. Visiting a friend of mine."

번역 "네, 6층 O호요. 친구 집에 왔어요."

사실 나는 대학 선배의 집으로 이사하는 중이었다. 기숙사에서 막상 나오니 갈 곳이 마땅치 않았다. 최소 1년 단위의 임대 계약을 섣불리 체결할 수 없었다. 생활비를 충당하기도 빠듯한 월급으로는 아파트 임대료도 큰 부담이었다. 다행히 고맙게도 선배가 방 하나를 무료로 내주기로 했던 것이다. 선배는 방 두 칸짜리 아파트에 살고 있었다.

"그게 다야?"

현관을 열고 나온 선배가 물었다. 여행용 가방 두 개, 라면 상자보다 조금 큰 골판지 상자, 어깨에 걸친 책가방. 이 네 개의 짐 꾸러미가 이삿짐의 전부였다. 간단한 소지품, 침구류, 옷가지 몇 벌만 챙겼다. 변변치 않은 직장에 조만간 언제든지 뉴욕 생활을 접고 서울로 돌아갈 채비라도 한 것처럼 많은 물품을 버리고 몸을 최대한 가볍게 했던 것이다. 뉴욕에 정착하고 싶었지만, 그러지 못할 것 같은 조바심을 떨칠 수 없었기 때문이다.

선배가 나를 거실로 안내했다. 소파에는 고양이 한 마리가 올라앉아 있었다. 골판지 박스를 들어 나르는 나를 쏘아보는 듯한 눈초리가 싸늘하고 매서웠다.

"형, 쟤 이름이 뭐에요?"

"움보!"

그날 밤 나는 에어 매트리스(air mattress: 공기를 주입하여 만드는 휴대용 매트리스)가 그토록 불편한지 처음 알았다.

퇴근 후에는 매일같이 집 앞 맥도널드(McDonald)에 들렀다. 햄버거를 유독 좋아했던 건 아니다. 맨해튼(Manhattan)에서 그 정도 싼 가격에 배부르게 저녁을 먹을 수 있는 음식점을 찾을 수 없었다. 맨해튼은 점심과 저녁의 가격 차이가 현저하다. 아침은 집에서 대충 때웠고, 점심은 사무실 근처에서 샌드위치나 샐러드로 간단히 해결할 수 있었다. 하지만 저녁은 달랐다. 줄어드는 통장 잔고 때문에 허리띠를 졸라매야 했다.

한 달 후. 포웰톤을 떠났다. 선배에게 빚을 지고 있는 것만 같아 늘 마음이 무거웠기 때문이다. 그간의 고마움을 표시하기 위해 봉투에 돈을 넣어 식탁 위에 올려놓고 나왔다.

학교 졸업 후 두 번째 이사였다. 같은 동네의 다른 아파트로 짐을 옮겼다. 방 여섯 개와 욕실 세 개, 거실, 주방 등이 갖춰진 호화로운 아파트였다. 그 궁궐 같은 집에 90세가량 되어 보이는 노파가 혼자 외로이 살고 계셨다. 나는 욕실 딸린 방 한 칸을 얻기로 했다. 다달이 임대 계약을 갱신하는 조건에다 임대료도 굉장히 저렴했다.

집주인 할머니는 거실 텔레비전을 항상 크게 틀어 놓으셨다. 늦은 밤과 이른 새벽이면 그 소리가 더욱 울렸다. 또한 가스레인지가 더러워졌다며 툭하면 나에게 책임을 다그치곤 하셨다. 나는 부엌에 들어간 적도 없었는데 말이다. 어쩔 수 없이 나는 한 달 만에 포웰톤으로 돌아가고 말았다.

세 번째 이사 날, 움보는 거실 소파에 납작하게 엎드려 있었다. 골판지 박스를 들어 나르는 나를 흘끔흘끔 곁눈질하는 눈매가 조금 부드러워졌다.

나는 한시도 콜드콜을 게을리하지 않았다. 낮에는 사무실에서 업무를 보며 틈나는 대로 뉴욕 부동산 업계 신문을 꼼꼼히 읽었다. 부동산 투자 회사 이름이 보이면 메모해 두었다가 귀가 후 밤에 이메일로 연락을 취했다.

하루는 스티브(Steve) OOO라는 분과 통화가 이루어졌다. 그는 모 부동산 투자사의 임원이었다.

"Korea has lots of liquidity in the market at the moment. However, the Korean real estate market is relatively shallow for the institutional investors. So, it's difficult for them to find investment opportunities locally in Korea. This means that they are being forced to go outbound. ..."

번역   "현재 한국은 시중에 여유 자금이 많이 돌고 있습니다. 하지만 한국의 부동산 시장은 상대적으로 작습니다. 따라서 기관 투자가들이 투자 대상을 찾는 데 어려움을 겪고 있습니다. 이는 투자자들이 해외로 나갈 수밖에 없다는 것을 의미합니다. ..."

그날따라 나는 여느 때보다 더욱 유창하게 머릿속 대본을 암송했다. 미국의 부동산 투자 회사라면 한국 자금에 주목해야 된다고 강력히 주장했다.

"We are currently not pursuing Korean capital, but I think it's a really interesting topic. I would suggest you discuss your idea with other companies first. Are you at your laptop?"

번역   "현재 우리 회사는 한국 자금을 구하고 있지 않지만, 매우 흥미로운 화제로군요. 다른 회사들과 먼저 논의해 보세요. 지금 컴퓨터 앞에 앉아 있어요?"

스티브가 나에게 인터넷 사이트를 하나 알려 주었다. 거기에는 부동산 전문 언론 매체인 카OOO의 후원사 이름이 알파벳순으로 공개되어 있었다. 모두 미국 부동산 투자 회사들이었다. 각각의 담당자 이름과 연락처도 포함되어 있었다. 놀랍게도 그들 중 총 39명은 지난 2년여간 내가 발견하지 못한 이들이었다. 나의 콜드콜 목록이 순식간에 불어나게 된 것이었다. 이후 매일 밤 며칠에 걸쳐 나는 총 39개의 이메일을 전송했다. 목록 맨 위의 에OOO(A 사)

부터 맨 아래의 웨OO(W 사)까지 차례차례….

이메일 발송을 완료한 바로 다음 날. 오전 업무 회의가 유난히 길었다. 해야 할 일을 잔뜩 받아 자리에 돌아와 보니, 부재중 전화가 한 통 들어와 있었다. 낯선 번호였다. 음성 메시지도 남겨져 있었다.

"Hi, Mr. Lee. This is Alexander Glass, Vice Chairman of Sentinel Real Estate Corporation. I have received your email about Korean institutional investors. As it happens, our Chairman and I were discussing our foreign capital strategy. We would like to have you in our office this week or next week. Please give me a call when you have a moment. My number is 212-xxx-xxxx. Again, my numer is 212-xxx-xxxx. Thanks."

번역 "안녕하세요, 이 선생님. 저는 센티넬 리얼 에스테이트 코퍼레이션의 부회장 알렉산더 글라스라고 합니다. 한국 기관 투자자들에 관해 보내 주신 이메일 잘 받았습니다. 때마침 저희 회장님과 저는 해외 자금 조달 전략을 구상하던 중에 있었습니다. 이번 주나 다음 주에 우리 사무실에서 한번 만났으면 합니다. 시간 되실 때 전화해 주세요. 제 번호는 212-○○○-○○○○입니다. 212-○○○-○○○○입니다. 고맙습니다."

드디어 나에게 기회가 온 것일까. 나는 휴대폰을 들고 빈 회의실을 찾아 들어갔다. 심호흡을 크게 한 번 하고, 알렉산더의 전화번호를 눌렀다. 센티넬(Sentinel)은 부동산 전문 언론 매체 카OOO의 후원사 목록에 포함되어 있었다.

일주일 후. 1251 애비뉴 오브 디 아메리카스(1251 Avenue of the Americas), 일명 '엑손 빌딩(Exxon Building)'으로도 알려진 록펠러 센터 부근의 마천루. 36층 센티넬의 뉴욕 본사.

짧은 인사를 나눈 뒤 알렉산더는 나를 대회의실로 안내하고 사라졌다. 잠시 후, 나비넥타이를 맨 노신사가 온화한 미소를 머금고 당당한 걸음걸이로 등장했다. 그는 센티넬의 설립자이자 소유주인 찰스(Charles) OOO 회장이었다.

찰스 회장은 자신의 회사에 대한 소개부터 했다. 그리고 해외의 투자 기관들로부터 자금을 유치하여 투자 사업을 확장하겠다는 의지를 밝혔다. 그의 말투는 확신에 차 있었다.

그의 일장 연설이 끝난 후, 나는 준비한 사업 계획서를 꺼냈다. 그리고 겉표지를 차분히 넘기며 운을 떼었다. 그날 프레젠테이션은 그간 수많은 사람들을 찾아다니며 지속했던 노력의 결정체였다. 프레젠테이션 도중 찰스 회장이 묻는 질문에도 또박또박 대답해 주었다. 예감이 좋았다.

아니나 다를까, 찰스 회장은 나에게 함께 일해 보자고 했다. 나는 앉은자리에서 그의 제의를 받아들였다. 두 번 생각해 봐야 할 이유가 없었다.

건물 밖으로 나오자마자 환호성을 지르고 싶었다. 록펠러 센터를 가로질러 5번가(5th Avenue)로 나왔다. 그리고 마치 개선장군처럼 의기양양하게 '나 홀로 행진'을 시작했다.

10분쯤 지났을까. 갑자기 비가 쏟아졌다. 나는 건물 처마 밑으로 황급히 피했다. 57가(57th Street) 티파니(Tiffany) 매장 앞이었다. 떨리는 손으로 휴대폰을 꺼내 전원을 켰다. 시간을 보니 오전 11시 45분경. 서울은 한밤중이었지만 부모님께 전화를 걸었다. 수화기에서 잠에 취하신 아버지의 목소리가 흘러나왔다. 거기서 한참 동안 아버지와 어머니께 기쁜 소식을 전해 드렸다.

통화가 이어지는 동안 빗줄기는 점점 굵어져 갔다. 빗방울이 보도블록을 아주 세차게 두드렸다. 그 소리가 열광적이고 흥겹고 강렬한 리듬으로 밀려왔다. 비를 품은 공기의 청량함도 그날따라 새삼스러웠다. 이내 빗물에 젖은 콘크리트 냄새가 코끝을 스쳤다. 순간, 나는 10년 전 지난날을 회상했다. W 건설 사장님 댁 대문 앞에서 비를 맞아야 했던 기억을 나도 모르게 끄집어냈던 것이다. 그때, 늘씬한 금발의 여성이 매장 문을 열고 나와 투명한 우산을 펼쳤다. 한 손에 커다란 쇼핑백을 든 채 사뿐사뿐 내 앞을 지나갔다. 동시에 은은한 향수 냄새가 나의 뺨을 어루만졌다. 비, 콘크리트 그리고 향수. 그날 뉴욕의 향기는 특별했다. 한편 그날부터 맥도널드에 발을 끊었다.

뉴욕에서 나의 두 번째 직장이 된 센티넬은 1969년에 설립된 부동산 투자 회사였다. 약 13만 2,000세대의 임대형 아파트와 250만 제곱미터에 달하는 오피스 빌딩 등 5조 원가량의 자산을 운용 중인 중견 기업이었다.

세일즈(sales) 세계에서 '글렌개리 리드(Glengarry lead)'란 판매로 연결될 가능성이 높은 양질의 리드(lead)를 가리킨다고 앞서 정의한 바 있다. 여기에는 경쟁자들이 발견하지 못한 정보라는 의미가 내포되어 있다. 경쟁이 적을수록 구매 권유가 판매로 이어질 확률이 커지기 때문이다.

글렌개리 리드에 해당하는 귀한 정보는 스스로 쟁취해야 하는 대상이다. 별 노력을 들이지 않고 거저 생긴다면 그것은 죽은 정보나 다름없다. 내가 단순히 기다려서 얻을 수 있었다면, 누구나 쉽게 얻을 수 있었을 테니 경쟁이 이미 과열된 후일 것이다. 그렇다면 거래를 성사하기 어려워질 수밖에 없다.

구직 활동의 핵심은 자기 자신에 대한 세일즈다. 구직자의 입사 지원은 세일즈맨의 구매 권유이고, 구직자의 최종 합격은 세일즈맨의 거래 성사와 같다. 채용 공고를 내지도 않은 회사를 적극적으로 찾아다니는 구직자는 대중에게 널리 알려지지 않은 글렌개리 리드를 좇는 세일즈맨과 동일하다. 즉 취업 시장에도 글렌개리 리드가 존재한다. 나에게는 센티넬이 글렌개리 리드였던 것이다.

내 인생의 세 번째 콜드콜도 결국 바람직한 결말을 선사해 주었다. 나에게 그런 행운이 따른 이유는 무엇이었을까. 돌이켜 보니 나는 콜드콜을 통해 여러 회사들을 알게 되고 다양한 사람들과 의견을 나누면서, 차차 배우고 성장해 갔음을 깨닫는다. 처음 콜드콜을 할 때의 나와 비교하면 마지막 콜드콜을 할 때의 나는 모습이 확연히 달라져 있었을 것이다.

집을 보러 갔다가 곧바로 계약금을 치러 버렸다. 집 상태가 양호했고 전철역에서도 가까웠다. 게다가 건물 정문에서 길을 건너면 드넓은 리버사이드 공원(Riverside Park)이 허드슨강을 따라 조성되어 있었다. 그에 비하면 월세는 바겐세일 가격이었다. 망설이다 놓치면 아쉬울 정도였다. 벌써 열 명도 넘게 보고 갔다고 하며 집주인이 경쟁심도 부추겼다. 선배에게 얹혀사는 떠돌이 신세를 청산하고픈 심정 또한 굴뚝같았다. 그렇게 무언가에 홀린 듯 네 번째 이사를 마쳤다. 그곳은 포웰톤에서 도보로 5분 거리의 작은 원룸 아파트였다.

그런데 입주하자마자 한 가지 흠을 발견했다. 창에 드리워진 블라인드를 걷어 올렸을 때, 지근거리 맞은편 낡은 건물 내부가 훤히 들여다보였다. 흰색 러닝셔츠 차림의 야윈 흑인 남성이 벽에 등을 기대선 채 멍하니 있었다. 나의 시선을 눈치챘는지 그는 즉각 몸을 돌렸다. 그러고는 처량한 눈으로 나를 물끄러미 바라보았다. 나는 그의 눈길을 외면하고 블라인드를 닫았다. 나중에 알고 보니 이웃 건물은 노숙자 쉼터였다. 월세가 싸다고 덜컥 계약해 버렸으니 최소 1년 동안 창문은 없는 걸로 쳐야 했다. 그래도 에어 매트리스가 아닌 새로 산 푹신한 침대에서 잘 수 있어 흐뭇했다. 완벽하지는 않았지만, 뉴욕에서 처음으로 나만의 공간을 갖게 되었다.

한 달여 후. 10월 어느 날. 어둠이 걷히기 전 새벽. 비행기가 인천에 착륙했다. 출구를 나서니 검은 정장을 단정하게 차려입은 청년이 눈에 띄었다. 그는 내 이름이 영문으로 쓰인 팻말을 들고 있었다. 호텔에서 보낸 직원이었다. 내 여행 가방을 대신 끌며 그가 앞장서 걸어갔다. 나는 그를 조용히 따라갔다. 잠시 후 검은색 승용차 옆에 도착했다. 운전기사가 나를 뒷좌석에 앉혔다. 문이 닫혔고, 차창 밖으로 많은 것이 멀어져 갔다. 고뇌 속에서 보낸 세월을 뒤로하고, 센티넬에서의 첫 출장이 시작되었다.

6
선순환의 시작

　한국 투자 기관들을 1년 만에 다시 찾아갔다. 나를 기억하는 이들이 많았다. 지난여름 홍콩에서 서울에 들락거렸던, 미국 부동산 투자의 필요성을 부르짖던 나의 모습이 평범하지는 않았나 보다.
　미국 부동산에 대한 투자자들의 관심은 한층 고조되어 있었다. 일부 대형 기관들은 투자 기회를 활발히 물색하는 중이었다. 몇몇 중소 공제회와 보험사도 전략 구상을 마치고 투자 실행 단계로 넘어간 상태였다. 나의 예견대로 한국에서 미국 부동산 투자를 위한 움직임이 본격화되고 있었던 것이다. 따라서 나는 내가 원하는 일을 할 수 있는 적당한 직장인 센티넬(Sentinel)을 적절한 시기에 찾은 것이라고 믿었다. 하지만 그런 낙관은 오래가지 못했다.

　센티넬은 미국의 임대형 아파트 투자에 주력하고 있었다. 내가 처음 맡은 역할도 자연히 아파트와 관련되었다. 미국 남동부에 위치한 열 개의 아파트 단지를 한꺼번에 취득하여 임대 운영할 목적으로 합자 회사를 설립하는 프로젝트였다. 이를 위해 기관 투자가들로부터 약 3억 불을 끌어모아야 하는 것이었다.

그 무렵 미국 투자 기관들은 임대형 아파트를 유망 투자 대상으로 꼽았다. 미국에서는 월세 방식이 보편적이었고, 임대형 아파트에 대한 장기적인 수요가 유지될 것이라는 관측이 팽배했다. 베이비 부머(baby boomer)의 자녀 세대, 즉 에코 부머(echo boomer)가 상당히 두터운 인구층을 형성하고 있었는데, 그들로 인해 주택 수요가 증가할 것이며 그들은 주택 보유보다 임차를 선호한다는 분석이 힘을 얻었기 때문이다. 한편 주택 보유율은 이미 사상 최저치를 경신했다. 금융 위기 이후 주택 시장 침체와 함께 집값 상승에 대한 기대감이 꺾여 주택 구매가 감소하고 있었다.

대조적으로 한국 투자 기관들은 뉴욕, 로스앤젤레스, 시카고 등 대도시의 고층 오피스 빌딩만을 원했다. 임대형 아파트 시장의 전망이 밝다는 분석에는 고개를 끄덕였지만, 전세 제도에 익숙한 한국 투자자들에게 월세 방식의 임대 아파트는 생소하게 여겨졌다. 사실 센티넬에 합류하기 전부터 어느 정도 예상한 일이기는 했다. 다만 투자자들이 새로운 것을 학습하는 데에 소요되는 시간을 너무 과소평가한 감이 있었다.

결론적으로 나는 각 투자 기관의 담당자들에게, 그들이 원하지 않으니, 아파트 투자를 권유하지 않기로 했다. 그들과는 당분간 오로지 친분을 쌓는 데에 초점을 맞추었다. 그 당분간이 얼마가 될지는 알 수 없었다. 주로 미국 금융 업계의 소식을 전했고, 때로는 세상 돌아가는 이야기도 나누며 그들과 유대를 강화해 나갔다. 그중 몇 명과는 술자리를 함께하면서 친구처럼 가까워지기도 했다. 급한 볼일이 없어도 내가 서울에 왔다는 이유만으로 만날 수 있는 사이가 되었다. 물론 모두가 나의 연락을 반기는 건 아니었다. 당장의 업무에 도움 되는 만남이 아니니 당연한 반응 아니겠는가.

그러던 어느 날 한국의 국민연금 공단에 대한 인터넷 기사가 올라왔다. 국민연금이 베린저 하버드(Behringer Harvard)가 운영하는 열다섯 개 아파트 포트폴리오의 지분을 각각 최대 45%까지 취득했다는 소식이었다. 한국의 기관 투자가가 미국의 임대형 아파트에 투자한 첫 사례였다. 베린저 하버드는 센티넬의 경쟁사였다.

그날 이후 나는 한국 기관들이 하나둘 서둘러 큰손인 국민연금의 뒤를 따를 것으로 기대했다. 그러나 군중 심리는 그렇게 쉽게 발동되지 않았다. 그래도 센티넬의 찰스 회장에게는 희망의 끈을 계속 쥐여 주었다.

"Korean institutions are going to expand their focus to invest in apartment properties as well in the near future."

번역 "머지않아 한국의 기관들이 투자 대상을 확대하여 아파트에도 투자할 것입니다."

나의 바람이었고 예측이었다. 예측이 현실로 다가올 시점을 예측하기는 어려웠다. 그래서 회사를 위해 가시적인 성과를 조속히 거두려면 마냥 한국만 바라보기보다는 그물을 더 넓게 던져야 한다는 논리를 폈다. 나의 끈질긴 설득에 못 이긴 찰스 회장은 나에게 일본의 투자 기관들도 만나 보라고 허락했다. 그리하여 나는 내 인생의 네 번째 콜드콜에 착수하게 되었다. 이를 위해 맨 처음 한 일은 일본 투자 기관 목록을 작성하는 것이었다.

한동안 나는 뉴욕에서 서울과 도쿄로 출장을 거듭했다. 한국 투자 기관들과 연락을 유지함과 동시에 일본 투자 기관들과 인맥을 형성해 나갔다.

"Friends first, and then business. We should make sure to establish relationships with the investors before they become serious about overseas investment. Please let me start immediately."

(번역) "친구가 되는 것이 우선입니다. 비즈니스는 그다음입니다. 해외 투자가 활성화되기 전에 회사를 알리고 신뢰를 구축해 두어야 합니다. 제가 즉시 시작하겠습니다."

중국에 대한 얘기였다. 중국의 기관 투자가들도 찾아보겠다는 계획을 밝힌 것이었다. 그러나 찰스 회장의 반대에 부닥쳤다.

"Just focus on the groups you have met so far."

(번역) "지금까지 만난 기관들에나 집중해 보도록 하게."

의외의, 실망스러운 반응이었다.

당시 나는 총 65개의 기관들과 교류를 이어 가고 있었다. 그동안 콜드콜의 영역을 한국과 일본뿐만 아니라 싱가포르까지 확장한 결과였다. 그러나 거기서 멈추고 싶지 않았다. 다음 지역으로 중국을 꼽은 것이었다.

중국은 보험 산업이 비약적으로 발전해 오고 있었다. 그러나 여전히 국내 총생산 대비 보험료 총액의 비율이 선진국 수준을 훨씬 밑돌았다. 따라서 보험사들의 자산 규모가 현저히 커질 것이라는 견해가 확산되었으며, 그와 동시에 보험사들의 해외 투자에 대한 규제가 완화될 수밖에 없을 것으로 전망되었다. 비교적 후진적인 중국 내 시장만으로는 대형 보험사들의 자금을 투자하고 운용하는 데에 한계가 있기 때문이었다. 이를 근거로 나는 타 회사들이 중국으로 뛰어들기 전에 우리가 먼저 움직여야 한다고 생각했다.

"If you're concerned about travel expenses, I have an idea. I don't mind staying in my parents' house rather than a hotel when I'm in Seoul."

[번역] "출장 비용이 신경 쓰이시는 거라면 저에게 아이디어가 있습니다. 서울에 가면 호텔 대신 부모님 댁에 머물러도 괜찮습니다."

나는 그렇게 절약한 돈을 중국 진출에 사용하자고 말했다.

"Don't try to negotiate about China any more."

[번역] "중국에 대해서 더 이상 협상하려 들지 말게."

찰스 회장은 나의 제안을 일축해 버렸다. 나는 중국이 안 되면 대만은 어떠냐고 물으려다 관뒀다.

몇 주 후. 중국어와 영어가 유창한 젊은이가 회사에 취직하여 들어왔다. 그는 말레이시아에서 태어나고 호주에서 로스쿨을 다닌 전직 변호사였는데, 부동산 투자 분야로 직업을 바꾸기 위해 뉴욕에 유학 왔던 것이라고 했다. 그의 등장으로 인해 나는 중국을 포기해야 했다. 싱가포르도 그에게 넘겨주었다. 무슨 사유에서였는지 찰스 회장은 나에게 한국과 일본만을 맡게 하였다. 아마도 중국어를 못하는 내가 미덥지 않았던 모양이다. 돌연 나의 콜드콜도 중단되고 말았다.

한국과 일본의 자본 시장을 합치면 10조 달러가 넘는 규모였다. 그중 5%만 부동산 투자에 할당한다 하더라도 5,000억 달러가 넘고, 그중 3분의 1이 미국으로 넘어온다 가정하면 약 1,667억 달러의 어마어마한 미개척지인 셈이었다. 내일 당장은 아니지만 장차 세계 부동산 시장에서 영향력을 발휘할 자금원임에 틀림없었다.

그런데 문제가 있었다. 한국 기관들은 센티넬의 전문 분야인 미국 임대형 아파트를 투자의 대상으로 고려하기엔 한참 멀었다고 했다. 게다가 일본은 해외 부동산 투자에 대해 한국보다 오히려 후퇴해 있었다. 과거의 실패를 되풀이하지 않으려는 심리 때문이었다. 일본의 기관 투자자들은 1980년대 초에 미국 부동산 시장의 문을 두드렸고, 1980년대 후반에 록펠러 센터 등 미국을 대표할 만한 부동산을 인수하는 기염을 토했다. 그러나 1990년대 초부터 부동산 경기가 냉각되면서 엄청난 손실을 입었던 적이 있다.

뉴욕에서 서울과 도쿄를 오가며 이리 뛰고 저리 뛰었지만 역시 부질없는 노릇이었다. 사과나무 밑에서 사과가 떨어지기만 기다리는 것과 별반 차이가 없었다. 세상은 빠르게 변해 가는데 나만 멈춰 선 느낌에 괴로웠다.

결국 나는 이력서를 다듬어 다시 구직 전선에 나서야겠다고 다짐했다. 일차적으로 이전에 내가 콜드콜을 해서 만났던 사람들에게 이메일을 보냈다. 이번에는 한국 자본뿐 아니라 일본 자본도 언급했다.

Dear xxx,

[번역] OOO 씨, 안녕하십니까.

I hope this message finds you well. As you may remember, I met with you about two years ago. We talked about Korean institutional investors. At the time, I was an MBA student at Columbia Business School. I am currently working for a real estate investment management firm named Sentinel Real Estate Corporation in New York.

[번역] 잘 지내고 계시는지요. 기억하실지 모르겠지만 2년 전쯤 뵙고 한국 기관 투자자들에 대해 말씀을 나눴습니다. 그때 저는 콜롬비아 비즈니스 스쿨 MBA 학생이었습니다. 현재는 뉴욕에서 센티넬 리얼 에스테이트 코퍼레이션이라는 부동산 투자 운용사에 근무하고 있습니다.

I wanted to follow up with you as I have been continuing discussions with the potential cross-border investors (especially in Seoul and Tokyo) and fur-

ther deepened my understanding of their US investment strategies and allocations. I estimate Korean and Japanese investors have approximately $10 billion of equity allocated for 2013~2014 to invest in overseas real estate markets. About a third ($3.3 billion) is expected to come to the United States.

[번역] 저는 아시아 자금의 동향을 주시해 왔습니다. 특히 한국과 일본에서 많은 시간을 보내며, 기관 투자가들의 미국 부동산 투자에 대한 계획을 상세히 파악했습니다. 저는 한국과 일본 투자 기관들이 2013~2014년에 100억 달러가량을 해외 부동산에 투자할 것으로 추산하고 있습니다. 그중 3분의 1인 약 33억 달러가 미국으로 할당될 것입니다.

I would like to discuss with you various ways of working together on these potential opportunities. I am happy to come to your office if that is convenient for you. Please let me know your availabilities. Thanks.

[번역] 위와 같은 기회를 위해 함께 일할 방법을 의논하고 싶습니다. 괜찮으시다면 제가 사무실로 찾아뵙겠습니다. 편하신 시간 알려 주십시오. 감사합니다.

2개월 후. 2012년 10월. 중국 보험 감독원(CIRC: China Insurance Regulatory Commission)은 보험사 해외 투자 허용

법안을 발표했다. 중국의 보험 회사들이 해외 시장에서 사모 펀드(private equity fund), 부동산, 부동산 투자 신탁(REIT: real estate investment trust) 등에 투자할 수 있는 길이 처음으로 열렸다. 해외 투자를 총자산의 15% 이내로 제한하는 등 관련 규제가 완전히 철폐된 것은 아니었다. 그래도 미국 부동산 투자 회사들 입장에서는 희소식이었다. 중국의 보험사로부터 투자 자금을 유치하는 게 가능해졌기 때문이다. 중국 보험사들은 약 1조 달러 규모의 자산을 보유한 것으로 알려져 있었다.

7개월 후. 2013년 5월. 중국에 이어 대만에서도 관련 법의 개정으로 보험사들이 해외 부동산에 투자할 수 있게 되었다. 이로써 나의 예측이 하나하나 계속해서 현실로 드러나게 되었다.

누르는 번호마다 없는 번호였다. 홈페이지에 공개된 번호의 끝자리를 바꿔 가며 전화를 걸었다. 스무 번 만에 드디어 신호가 갔다. 수화기 속에서 중국어가 들렸다. 나는 영어로 말했다.

"Hello. I'm Kye Joon Lee from Clarion Partners, a real estate investment management firm in New York."

번역 "여보세요. 저는 뉴욕 소재 부동산 투자 운용 회사 클라리온 파트너스의 이계준이라고 합니다."

상대방이 전화를 툭 끊어 버렸다.

시간은 어느덧 자정에 이르렀다. 베이징은 점심시간이었다. 한 시간 동안 기다리다 휴대폰을 다시 집어 들었다. 그런 밤이 반복되었다. 한 달 남짓.

새벽 네 시 무렵, 앳된 목소리의 남자가 전화를 받았다.
"Hello. Do you speak English?"

_{번역} "여보세요. 영어 할 줄 아세요?"

"Yes, a little. How can I help you?"

_{번역} "네, 조금요. 어떻게 도와드릴까요?"

"I'm Kye Joon Lee calling from Clarion Partners, a New York-based real estate investment management firm. I was trying to reach someone responsible for overseas real estate investment."

_{번역} "저는 뉴욕 소재 부동산 투자 운용 회사 클라리온 파트너스의 이계준이라고 합니다. 해외 부동산 투자 담당하시는 분을 찾고 있습니다."

그는 서툰 영어로 나에게 전화번호를 하나 알려 주었다.

두 달 후. 2013년 12월 11일. 나는 베이징으로 날아갔다. 회사를 대표하여 중국 외환 관리국(SAFE: State Administration of Foreign Exchange)과 미국 부동산 투자 사업을 위한 협력 방안을 논의하기 위해서였다. 중국 외환 관리국은 세계에서 열 손가락 안에 드는 초대형 국부 펀드였다. 같은 날 오후에는 중국 인수 보험(China Life Insurance), 태강 인수 보험(Taikang Life Insurance) 등 보험사들도 방문했다.

"Founded in 1982, Clarion Partners is a real estate investment management firm. Headquartered in New York, we have offices in major markets throughout the U.S., in Sao Paulo and London as well as a presence in Mexico. With more than $27 billion in total assets under management, we invest across property types, including office, multifamily, industrial, retail, and hotel, providing real estate investment solutions for our more than 200 domestic and international institutional investors. I joined Clarion about eight months ago. I am overseeing direct and indirect institutional investments from Asia into the Americas. ..."

[번역] "클라리온 파트너스는 1982년에 설립된 부동산 투자 운용사입니다. 뉴욕 본사를 비롯해 미국 내 주요 지역 및 상파울루, 런던에 사무실을 두고 있으며 멕시코에서도 사업을 영위하고 있습니다. 운용 자산의 총규모는 약 270억 달러이고 200곳 이상의 투자 기관들을 위해 오피스, 임대형 아파트, 물류 창고, 쇼핑몰, 호텔 등에 투자합니다. 저는 약 8개월 전에 클라리온에 합류했으며, 아메리카 지역으로 투자하는 아시아 기관들에 관련된 사업을 총괄하고 있습니다. ..."

다음 날 새벽 천안문 광장의 겨울바람은 유난히 매서웠다.

수년 전 나는 니콜라스(Nicholas)라는 사람에게 콜드콜을 했다. 그는 투자 은행 모건 스탠리의 중역이었다. 이듬해 그는 나를 모건 스탠리 본사 건물의 최상층 귀빈용 라운지로 초대했다. 나는 허겁지겁 늦게 당도했고, 셔츠가 땀으로 흠뻑 젖어 있었으며, 사업 계획서를 식탁 위에 펼쳐 놓고 대화에만 정신을 쏟느라 식사를 절반도 끝내지 못했다. 그날 니콜라스는 그의 상사와 함께 나왔다. 그의 이름은 토마스(Thomas)였다. 토마스는 내가 들고 있던 사업 계획서를 달라고 했다. 내가 한국의 투자 기관들에 대해 직접 조사한 내용을 토대로 만든 소중한 자료였다. 나는 아이디어만 빼앗기는 거 아닐까 했지만 거절할 수 없었다. 그다음 해에 나는 가까스로 센티넬이라는 미국 아파트 전문 투자 회사에 취업했다. 그러나 1년여 만에 회사를 옮겨야 한다는 결론을 내렸다. 아파트뿐만 아니라 다양한 종류의 부동산에 투자할 수 있고, 나로 하여금 한국과 일본 이외의 지역도 담당하게 하는 직장을 찾고 싶었다. 이를 위해서 과거에 한 번이라도 만난 적이 있는 사람들 모두에게 오랜만에 이메일을 보냈다.

    그 무렵 부동산 업계 정보지를 통해 모건 스탠리의 토마스가 클라리온 파트너스(Clarion Partners)로 이직했다는 소식을 접했다. 그가 클라리온에서 맡은 역할은 부동산 사모 펀드를 조성하는 일이었다. 토마스의 성과 이름을 조합하여 새 이메일 주소를 알아내는 건 어렵지 않았다. 그와는 그렇게 약 2년 만에 연락이 닿았다. 물론 그는 내 메일을 받은 수십, 아니 수백 명 중 한 명이었다.

    클라리온은 아시아에 관한 한 백지에 가까웠다. 약 270억 달러의 막대한 운용 자산 전체가 미국 등 아메리카 지역에만 투자되어 있었다. 또한 그중 아시아 기관의 자금은 겨우 약 4,000만 달러에 불과했다. 이처럼 아시아 내에서 입지가 취약한 것이 아시아 자본 시장을 공략하는 데에 불리한 여건으로 작용할 수 있었다. 하지만 한편으로는 여백이 많이 남아 있는 큰 도화지처럼 보였다. 즉 내가 그리고 싶은 그림을 그려 볼 수 있는 흔치 않은 기회가 될 것 같았다. 무엇보다 내가 가진 한국 및 일본 투자자 인맥과 각 기관에 대한 지식이 클라리온이 사업을 확장하는 데 유용하리라는 점이 명확했다. 토마스도 같은 생각을 피력하며 나에게 함께 일하자고 했다. 나는 한국과 일본에 국한하지 않고 아시아 국가 모두를 총괄하는 조건 아래 그의 제안을 받아들였다.

클라리온 첫 출근 날. 토마스의 사무실에 들렀을 때, 그의 책상은 온갖 서류들이 산처럼 쌓여 복잡했다. 그런데 수북한 서류 더미 속에서 유독 하나가 반짝였다. 그것은 예전에 토마스가 달라고 해서 어쩔 수 없이 그에게 건네준, 내가 손수 만든 사업 계획서였다.

내가 토마스를 알게 된 것은 니콜라스를 통해서였다. 그런데 내가 니콜라스를 알게 된 것은 콜드콜 덕분이었다. 그러고 보니 모든 이야기의 시작은 다름 아닌 콜드콜이었다.

탑승구 앞은 웅성웅성 시끄러웠다. 무슨 일인가 싶어 사람들 사이에 들어가 보았다. 항공사 직원이 중국말로 뭐라 뭐라 하자 몇몇 승객들이 이구동성으로 언성을 높였다. 나는 알아듣지 못했다. 잠시 후 영어 안내 방송이 흘러나왔다. 기상 상태가 나빠 비행기 이륙이 지연된다는 거였다. 창밖을 보니 날씨는 기껏해야 조금 흐린 편이었다. 비행기도 멀쩡히 들어와 있었다. 출발 시간을 추후 공지하겠다는 말에 나는 라운지로 돌아갔다.

한 시간이 지나도록 아무 소식이 없었다. 어떻게 된 일인지 문의하려는 찰나 한 시간 후 일곱 시에 탑승할 수 있다고 항공사 직원이 알려 왔다. 자정을 넘기기 전에는 목적지에 도착할 수 있겠거니 하고 나는 안도했다.

일곱 시가 다 되어 가자 삼십 분 더 연기되고, 연기되고, 또 연기되었다. 그리고 다음 날 이른 아침에야 출발한다는 통고가 뒤따랐다. 대체 항공편을 알아봤지만 헛수고였다. 자정이 가까워 오자 항공사에서 호텔을 무료로 제공하겠다고 했다. 승객들은 항공사 직원의 인솔로 공항 보안 검색대를 반대로 통과하여 밖으로 나갔고, 세 대의 승합차에 나눠 탔다.

주변은 온통 암흑이었다. 가로등조차 없는 도로를 반 시간쯤 달려서 알 수 없는 곳에 다다랐다. 나는 다른 승객들을 따라 "골든 피닉스 호텔(Golden Phoenix Hotel)"이라고 크게 쓰인 건물 안으로 터벅터벅 걸어 들어갔다. 여행 가방 바퀴 수십 개가 울퉁불퉁한 콘크리트 길바닥을 구르며 괴상한 소음을 만들어 냈다.

무료 호텔방의 문을 열자마자 나도 모르게 미간이 찡그려졌다. 퀴퀴한 곰팡내와 담배 냄새가 코를 찔렀다. 욕실 수압이 약해서 제대로 씻지도 못한 채 나는 피로에 지친 몸을 침대 위에 던졌다.

장장 열다섯 시간의 인고 끝에 베이징 서우두 국제공항(Beijing Capital International Airport)을 벗어나 도쿄 하네다 공항(Haneda Airport)에 도착할 수 있었다.

"Grand Hyatt hotel at Roppongi Hills please."

번역 "록본기 힐스 그랜드 하이야트 호텔로 가 주세요."

그날따라 도쿄 택시의 시트커버(seat cover)가 희다 못해 푸르스름했다. 호텔 객실은 청결하다 못해 눈이 부셨다. 샤워 물줄기는 세차다 못해 폭포수였다.

밥을 후딱 먹고 세계 최대 연기금인 정부 연금 투자 기금(GPIF: Government Pension Investment Fund) 사무실로 향했다. 베이징에서 비행기가 제때 뜨지 않아서 도쿄에서의 오전 일정은 전부 취소해야 했다. 하지만 가장 중요한 임무는 놓치지 않았던 것이다.

차들이 기어가다 서기를 되풀이했다. 그 사이를 스쿠터들이 곡예를 부리며 빠져나갔다. 시계를 보니 여유가 있었다. 하던 이메일 답장을 마저 다하기 위해 나는 휴대폰에 다시 코를 박았다.

We just met with Social Security Office of Thailand, a $30 billion pension fund in Bangkok. They said they're thinking about strategies to diversify into overseas real estate, where they currently have no exposure. The meeting went very well. We gave a firm overview and discussed our views on the real estate market in the US. ... They mentioned we were among the small group of US managers they had *met with so far. We should come here often.*

번역 방금 방콕에서 300억 불 규모의 태국 국민연금을 만났습니다. 태국 국민연금은 해외 부동산에 투자한 적이 없으며, 현재 자산 포트폴리오에 해외 부동산을 추가하기 위한 전략을 구상하고 있다고 합니다. 회의는 아주 유익했습니다. 우리 회사를 소개했고, 미국 부동산 시장에 대해 의견을 나눴습니다. … 아직 몇 군데 만나지 않았다고 합니다. 앞으로 여기 자주 와야겠습니다.

    오십 분쯤 지났을까. 고개를 들어 차창 밖을 내다보았다. 한숨이 절로 났다. 8차선 도로가 차량 행렬로 꽉 막혀 있었다. 옆자리에 앉은 동료의 표정에 초조함이 역력했다. 호텔에 들러 숙박료를 계산하고 공항까지 가기에 시간이 빠듯했다. 그런데 택시는 꼼짝을 안 했다. 에어컨의 찬 기운이 온몸을 감쌌다.

    스쿠터 한 대가 차 옆에 바짝 붙어 섰다. 주황색 조끼 차림의 스쿠터 운전사가 곁눈으로 나를 살피는가 싶더니 나에게 가만히 손짓했다. 나와 동료는 고개를 돌려 서로의 얼굴을 마주 보며 무언의 눈빛을 교환했다. 그러고는 즉각 택시 요금을 지불했다. 문을 열자 방콕 시내 한복판의 아스팔트 열기가 확 몰려들었다.

    스쿠터는 라차다피섹 도로(Rachadapisek Road)에 뒤엉켜 있는 자동차들을 지그재그로 추월해 나갔고, 신호등에 걸려서야 맨 앞줄에 급정거했고, 인도 위로 보행자들을 피하며 질주했고, 오른편으로 내가 묵는 호텔이 보여 안도의 숨을 내쉬려던 순간, 휙 지나쳐 버렸다.

"스톱! 스톱!"

내가 오른팔을 뒤로 뻗으며 외쳤다.

"스톱! 스톱! 스톱!"

몇 번을 더 소리쳤다. 스쿠터는 유턴하여 반대 방향으로 올라갔다.

동료는 떠날 채비를 마치고 나를 기다리고 있었다.

"I thought you died."

번역 "난 너 죽은 줄 알았어."

나는 농담을 받아칠 틈도 없이 체크아웃(check-out)을 했다.

동료와 나는 호텔 앞 전철역으로 급히 내려갔다. 이십 분 후에 출발하는 공항 철도 열차를 타지 못하면, 비행기를 놓칠 거라고 호텔 컨시어지(concierge) 직원이 그랬다. 택시를 타서는 제시간에 도착하는 것이 불가능하다고 했다.

지하철 매표소 줄이 길었다. 우리는 "익스큐즈 미"를 연발하며, 매표원 앞으로 다가가 행선지가 태국어로 적힌 쪽지를 내밀었다. 호텔 직원이 챙겨 준 것이었다.

지하철이 환승역에 도착했다. 이제 공항 철도 열차로 갈아타야 하는 것이었다. 우리는 지하철 출입문이 열리기가 무섭게 경마장의 경주마처럼 뛰쳐나갔다. 공항 철도 표지를 따라 쉬지 않고 달렸다. 계단에서도, 에스컬레이터에서도 달렸다. 저 멀리 결승선이 보였다. 턱까지 차오른 숨을 참으며 골문으로 미끄러지듯 "골인!"과 함께 관중석의 함성이 터져 나오지 않았다. 대신 열차의 출입문이 닫혔다. 열차에 탑승한 우리는 공항에 도착할 때까지 말이 없었다.

마침내 방콕 수완나품 공항(Suvarnabhumi Airport)을 예정대로 떠나 싱가포르에 입성했다. 그날 밤 세인트 레지스 호텔(The St. Regis Singapore)에서 마신 칵테일은 싱가포르식 블러디 메리(Bloody Mary)였다. 특별한 날, 특별한 술로 기억에 남았다.

서울, 도쿄, 타이베이, 싱가포르, 베이징, 상하이, 홍콩, 쿠알라룸푸르, 방콕, 반다르스리브가완(Bandar Seri Begawan).... 방문하는 도시마다 단골 호텔이 생겼다. 체크인을 할 때 신분증을 확인하는 절차도 생략되었다. 그만큼 해외 출장은 나의 일상이 되었다.

클라리온 파트너스 입사 이후 첫해 동안 총 50만 마일에 달하는 거리를 비행했고, 아시아 내의 10여 개 도시를 누비며 150여 개의 크고 작은 투자 기관들을 방문했다. 이들 중 85개는 클라리온 입사 전까지 전연 교류가 없었기에 클라리온에서도 나는 수백 통의 콜드콜을 걸었다. 이전 직장에서 회장의 반대에 부딪혀 멈춰야 했던 내 인생의 네 번째 콜드콜을 재개하여 아시아 시장 전체의 문을 두드린 것이다.

그 결과 클라리온에서 일을 시작한 지 1년 만에 모 국부 펀드와 5억 달러 규모의 조인트 벤처(joint venture)를 출범시켰다. 단일 거래로는 그 금액이 클라리온의 30여 년 역사상 최대를 기록했다. 콜드콜의 양이 늘어남에 따라 보다 많은 투자 기관과 인맥을 형성하게 되고, 폭넓은 인맥을 활용하여 놀랄 만한 첫 딜(deal)을 성사할 수 있었다. 그러자 나의 몸값도 따라 올라갔다.

이것이 선순환의 시작이기를 바랐다. 아니, 오던 길을 돌아보니 벌써 오래전부터 이어 온 선순환의 흐름임을 깨달았다. 그리고 그 여정의 순간순간을 잇는 중심축은 바로 콜드콜이었다. 요컨대 콜드콜은 취업의 실마리가 되었고, 궁극적으로 나의 역량과 가치를 향상시키는 지렛대로 진화했다. 한 걸음 두 걸음, 한 통화 두 통화 쌓이고 쌓이면서 콜드콜이 양질전화(量質轉化)를 이룬 것이다.

내가 해낸 일을 자랑할 생각에 아침부터 웃음이 났다. 오랜만이었다. 리안(Leanne)과 일식집에서 만났다.

"I have a friend who frequently travels internationally like you. She once told me she had a rule. She said she would always include an island in her itinerary. She would stop at an island and spend a day or two for a change. Staying in the island, she would completely unplug from the Internet. She called it Island Moment. Now you should try to have your own Island Moment."

번역 "계준 씨처럼 해외 출장이 잦은 친구가 한 명 있어요. 그 친구는 한 가지 원칙이 있다고 하더군요. 출장 일정에 섬을 항상 포함시킨다고 해요. 하루나 이틀 재충전하는 시간을 갖기 위해 섬을 일부러 경유하는 거죠. 섬에 머무는 동안은 인터넷도 완전히 끈다고 해요. 그걸 아일랜드 모멘트라고 부르더군요. 이제 계준 씨도 한번 아일랜드 모멘트를 가져 보세요."

나의 끈기가 가져다준 성공이라고 축하하다가, 리안이 나에게 새로운 숙제를 내어 준 것이다. 그날은 나도 리안도 시종일관 웃었다.

Neither snow nor rain nor heat nor gloom of night stays these couriers from the swift completion of their appointed rounds.
- James A. Farley Building

 눈도 비도 더위도 어둠도 우편물을 신속히 전달하려는 집배원을 멈출 수 없다.
- 맨해튼 8번 애비뉴와 33번가 도로변에 위치한 우체국 빌딩에 새겨진 글귀

제5부
양질전화(量質轉化)

1
아일랜드 모멘트(Island Moment)

    전화벨이 울리면서 과거에서 현재로 돌아왔다. 싱가포르의 한 호텔 44층 객실 창가. 눈 아래로 내려다보이는 건축물 슬래브 틀에는 어느새 콘크리트가 평평히 재워져 있다. 인부들은 현장에서 철수하고 없다. 창밖으로 펼쳐진 바다는 여전히 눈이 부시도록 빛난다.

    데이비드(David)가 로비에 내려와 있다고 한다. 데이비드는 미국 대학 기숙사를 전문으로 개발하고 운용하는 C 사의 소유주이다. 클라리온은 C 사와 합자하여 미국 대학 기숙사에 투자하는 회사를 설립할 계획이다. 이에 필요한 투자 자금을 모집하기 위해 데이비드와 나는 아시아에서 일주일을 보내기로 했다. 이번 출장의 출발점은 싱가포르이다. 오늘 오후 두 시부터 내일 오후 다섯 시까지 매시간 단위로 일정이 짜여 있다. 투자 기관들을 만나서 우리가 추진하는 사업을 설명할 예정이다. 이는 투자를 받아 내기 위한 중요한 첫걸음이다. 나는 데이비드와 점심을 나누며 작전 회의에 들어간다.

싱가포르에서의 일정을 마치고 우리는 마리나 베이 샌즈(Marina Bay Sands) 호텔의 57층 옥상 레스토랑에 올랐다. 데이비드는 싱가포르의 스카이라인(skyline)에 감탄하며 사진을 찍느라고 여념이 없다. 건축 실험실을 방불케 하는 초고층 건물들, 광대한 인공 정원 가든스 바이 더 베이(Gardens by the Bay), 호화로운 인피니티 풀(infinity pool).... 나도 마치 타임머신을 타고 미래로 시간 여행을 온 듯한 기분이다.

다음 목적지는 서울이다. 비행기가 출발하기까지는 다섯 시간 가까이 남았다. 나는 여행 가방을 호텔에 맡기고 운동복으로 갈아입는다. 그리고 마리나 베이 주변을 달리며 나만의 '아일랜드 모멘트(Island Moment)'를 만끽한다. 콜드콜이 양질전화를 이뤄 나에게 아일랜드 모멘트를 안겨 주었다. 오늘 기록은 12.02킬로미터/59분38초.

달린다는 것은 나에게 있어 유익한 운동인 동시에 유효한 메타포이기도 하다. 나는 매일매일 달리면서 또는 마라톤 경기를 거듭하면서 목표 달성의 기준치를 조금씩 높여가며 그것을 달성하는 데 따라 나 자신의 향상을 도모해 나갔다. 적어도 이루고자 하는 목표를 두고, 그 목표의 달성을 위해 매일매일 노력해 왔다. 나는 물론 대단한 마라톤 주자는 아니다. 주자로서는 극히 평범한 — 오히려 그저 평범한 주자라고 할 만한 — 그런 수준이다. 그러나 그건 전혀 중요한 문제가 아니다. 어제의 자신이 지닌 약점을 조금이라도 극복해 가는 것, 그것이 더 중요한 것이다. 장거리 달리기에 있어서 이겨 내야 할 상대가 있다면, 그것은 바로 과거의 자기 자신이기 때문이다.
- 무라카미 하루키, 『달리기를 말할 때 내가 하고 싶은 이야기』, 임홍빈 옮김, (주)문학사상(2009), 27페이지

2개월 후. 2014년 10월 6일. 중국 안방 보험(Anbang Insurance)이 뉴욕 부동산 시장에 혜성처럼 등장하여 화제를 불러일으켰다. 안방 보험의 이야기는 세계 각 언론에 대서특필되었다.

Waldorf-Astoria to Be Sold in a $1.95 Billion Deal
- New York Times

[번역] 월도프 아스토리아 매각, 19억 5,000만 달러 딜
- 뉴욕 타임스

Hilton to Sell Waldorf Astoria to Chinese Firm
- The Wall Street Journal

[번역] 힐튼, 중국 기업에 월도프 아스토리아 매각
- 월 스트리트 저널

Waldorf Astoria NY hotel sold to China's Anbang

for $1.95bn

- Financial Times

번역   월도프 아스토리아 뉴욕 호텔, 중국계 안방에 19억 5,000만 달러에 매각

- 파이낸셜 타임스

   1931년에 지어진 호텔 월도프 아스토리아(Waldorf Astoria)는 맨해튼 상류 사회의 상징이자 랜드마크였다. 게다가 20억 달러에 근접한 가격은 호텔 매매 사상 최고치였다. 이는 2년여 전 내가 예상했던 대로 중국 자본이 미국으로 유입되는 서막이 되었다.
   안방 보험에 관한 신문 기사를 읽고 내가 첫째로 한 일은 안방 보험에 콜드콜하는 것이었다. 아일랜드 모멘트가 찾아온 후에도 콜드콜은 계속되어야 한다.

2
2015년 1월 23일

 평소 자주 신는 갈색 옥스퍼드(Oxford) 구두가 오늘따라 커다란 납덩이처럼 묵직하다. 가벼운 소재의 남색 정장을 입고 있지만 완전 군장을 한 듯 양어깨가 무겁다. 10킬로미터의 거리를 50분 이내에 완주하는 다리 근력과 심폐 지구력을 갖고 있다 자부해 왔건만, 지금 이 순간 천천히 내딛는 한 발자국 한 발자국에 무릎이 물렁물렁해지고 숨소리와 심장 박동 소리가 점점 크게 들려온다. 넥타이를 너무 조여 맨 것 아닌지 손이 계속 가고, 시야가 점점 희뿌옇게 흐려지는 것 같다.
 나는 무대를 향해 걸어가고 있다. 장내를 둘러보니 부산한 움직임이 감지된다. 다음 패널을 준비하기 위해 음향 설비를 황급히 정비하는 주최 측 직원들, 무대 계단을 내려오는 이전 패널 토론자들, 그들에게 박수를 보내는 수많은 청중들. 하지만 소리가 잘 들리지 않는다. 마치 갑작스런 폭발음에 일시적으로 청각을 잃은 것처럼. 나는 숨을 크게 내쉬고, 혼잣말을 반복하며 나 자신을 세뇌하려고 한다. 준비 많이 했으니 잘 해낼 수 있으리라고. 나는 실전에 더 강하다고.

2015년 1월 23일. 미국 캘리포니아주 해변. 광활한 태평양이 한 폭의 그림같이 내려다보이는 고급 리조트 몽타주 라구나 비치(Montage Laguna Beach) 호텔. 이곳 대강당에서「부동산 기회 및 사모 펀드 투자에 관한 제12회 연례 동계 포럼(12th Annual Winter Forum on Real Estate Opportunity & Private Fund Investing)」이 진행되고 있다. 인포메이션 매니지먼트 네트워크(Information Management Network)라는 회사에서 주관하는 미국 서부 지역의 대표적인 부동산 투자 업계 행사다. 미국 전역으로부터 1,000여 명의 금융권 종사자들이 한자리에 모였다. 세계 부동산 시장 현황과 전망 등에 대해 전문가들이 벌이는 패널 토론을 참관하고, 정보를 교류하며 친목을 다지기 위해서다.

나는 '해외 자본 시장(Foreign Capital Markets)'에 관한 공개 토론에 패널리스트로 참여한다. 오늘은 내 생애 의미 있는 하루임에 틀림없다. 지구 반대편 이국땅에서, 현재 몸담고 있는 미국 회사를 대표하여, 수백 명의 미국인들 앞에서, 그것도 모국어가 아닌 영어로 나의 의견을 개진하려 한다. 미국 부동산 사모 펀드 분야의 권위자들과 어깨를 나란히 하게 된다. 어쩌면 6년 전 내가 생전 처음 뉴욕 땅에 발을 디뎠을 때, 무의식적으로 마음속에서 그리던 모습이 아니었을까.

　단상에 오르자 앞서 도착해 있던 남성이 나에게 오른손을 내민다.

　"Hello. I'm James. Good to see you. I'm the moderator today. You must be Kye\Kai\ from Clarion Partners. Did I pronounce your name correctly?"

번역　"안녕하세요. 제임스라고 합니다. 만나서 반갑습니다. 제가 오늘 토론에서 사회를 맡았습니다. 클라리온 파트너스에서 오신 카이 씨 맞죠? 제가 이름을 제대로 발음한 건가요?"

　제임스가 활짝 웃으며 내 손을 꽉 움켜쥔다. 나도 미소를 보내며 손에 힘을 준다. '손을 힘 있게 잡는 것이 미국식 악수'라는 리안(Leanne)의 충고가 문득 머릿속에 떠올랐기 때문이다. 리안은 나의 둘도 없는 멘토(mentor)다.

　"Hi. Nice to meet you. I'm Kye\Key-eh\ Joon Lee. 'Kye\Key-eh\ Joon' is my first name. Two words. But you can just call me Kye\Kai\ or KJ."

번역　"안녕하세요. 만나서 반갑습니다. 저는 이계\기에\준이라고 합니다. '계\기에\준'이 제 이름이구요. 두 글자입니다. 그냥 카이 또는 케이제이라고 부르셔도 됩니다."

　"KJ! That is easy!"

번역　"케이제이! 그게 쉽네요!"

　미국 사람과 처음 인사를 나눌 때면 대부분 가장 먼저 묻는 질문이 내 이름을 어떻게 발음해야 하는지다. 보통 미국인들은 내 이름을 잘못 읽지만 나는 개의치 않는다.

이어 다른 패널리스트들과도 통성명을 하고 명함을 주고받는다. 토론자들이 각자의 명패 뒤에 앉자 객석 등이 어두워진다. 소란스러웠던 대강당이 질서를 되찾는다. 이제 모든 시선이 나에게 집중된다. 방청석은 가득 찬 상태다. 미처 자리를 잡지 못한 사람들 여럿이 강당 뒤에 서 있다. 사회자의 인사에 방청객들이 일제히 손뼉을 치며 화답한다.

막상 마이크를 마주하니 박수 소리와 사회자의 음성이 내 귓속에 또렷이 전달된다. 나는 가슴을 펴고 심호흡을 한 번 크게 내뱉으며, 이번 포럼에서 그동안 쌓은 실력을 남김없이 발휘해 보자고 다짐한다. 그리고 다시 주문을 왼다. 잘 해낼 수 있을 거라고. 나는 실전에 더 강하다고.

사회자의 요청에 따라 토론자들이 돌아가면서 각자 소개를 한다.

"I'm Kye Joon Lee from Clarion Partners, a real estate investment management firm based in New York. Today, Clarion has about $35 billion in AUM across property types in the Americas, largely the United States. Spearheading Clarion's investment program in Asia, I'm overseeing direct and indirect institutional investments from Asia into the Americas. Thanks."

번역 "뉴욕 소재 부동산 투자 운용사 클라리온 파트너스의 이계준이라고 합니다. 현재 클라리온은 아메리카 지역, 주로 미국에 약 350억 달러 규모의 자산을 보유하고 있습니다. 저는 클라리온의 아시아 투자 프로그램을 주도하며, 아메리카 지역으로 투자하는 아시아 기관들에 관련된 사업을 총괄하고 있습니다. 감사합니다."

서울의 한 호텔에서 새벽 세 시경 잠이 깼다. 패널 토론을 마치자마자 아시아 출장길에 올라 지난 열흘을 정신없이 보냈다. 쿠알라룸푸르, 베이징, 홍콩에서 일정을 모두 소화하고 서울로 왔지만, 여전히 시차에 적응하지 못했나 보다.

휴대폰을 확인해 보니 전 직장 동료였던 마이크(Mike)로부터 이메일이 와 있다. 블룸버그 뉴스 홈페이지의 링크가 함께 첨부되어 있다.

Very nice. The kid gets quoted in Bloomberg!

번역 진짜 멋지다. 녀석, 블룸버그 뉴스에 인용되다니!

마이크가 보내 준 링크를 클릭해 보니, 2015년 2월 3일자 블룸버그 뉴스에 열흘 전 패널 토의에서 내가 한 말이 인용되어 있다.

"Asian institutional investors are finding it more difficult to get reasonable returns in major U.S. markets," Kye Joon Lee, who oversees institutional investments from Asia into the Americas for New

York-based Clarion Partners LLC, said this month at an Information Management Network real estate conference in Laguna Beach, California. "They are more willing to go to non-major markets."

번역 "아시아 기관 투자자들은 주요 미국 시장에서 적절한 수익을 올리는 데 어려움을 겪고 있습니다." 이달 캘리포니아 라구나 비치에서 열린 인포메이션 매니지먼트 네트워크 부동산 콘퍼런스에서 이계준 씨가 말했다. 이계준 씨는 뉴욕 소재 클라리온 파트너스에서 아시아 기관의 아메리카 투자를 담당하고 있다. "아시아 투자자들은 주요 시장 이외의 지역으로 투자 영역을 확대하고 있습니다."

다음 날 아침. 친구들로부터 이메일이 몇 통 더 와 있다.

So nice that you are making progress towards becoming a recognized expert in the industry. Congrats.

번역 네가 업계에서 알아주는 전문가가 되고 있구나. 축하한다.

You Da Man! Show your parents the article.

번역 짱이다! 신문 기사 부모님께 보여 드려.

2015년 1월 23일 당시까지 나는 지난 4년여에 걸쳐 150개가 넘는 아시아 투자 기관들을 만났다. 그리고 각 기관들의 투자 현황과 목표를 파악했다. 이들 기관들이 보유한 자산의 양을 합하면 아시아 자본 시장의 전체 규모와 다름없었다. 아시아 자본 시장을 하나의 건축물에 비유한다면, 나는 그 건축물의 설계도를 상세히 그릴 수 있는 경지에 도달한 것이었다. 이 역시 시작은 콜드콜이었다.

첫 패널 토의 이후 나는 2015년 한 해 동안 뉴욕, 상하이, 홍콩 등지로 돌아다니며 각종 콘퍼런스에 참석했다. 아시아 자본 시장 및 미국 부동산 투자에 관한 토론자로 초청받았기 때문이다. 미국의 금융 전문 잡지사로부터 인터뷰 요청을 받기도 했다. 이것도 콜드콜의 양질전화를 보여 주는 것이다.

3
캡틴 아메리카(Captain America)

데이비드(David)와 아시아에서 보낸 시간이 결실을 맺었다. 앞서 말했듯이 데이비드는 협력사인 C 사의 소유주이다. 우리 회사는 C 사와 함께 약 4억 달러를 모집하여 미국 대학 기숙사에 투자하는 합자 회사를 성공적으로 출범시켰다.

클로징 파티(closing party)에서 나는 가장 큰 공을 세운 "영웅(hero)"이라고 불렸다. 내가 아시아에서 7,500만 달러에 달하는 신규 투자 자금을 끌어왔기 때문이다. 나의 150여 개 투자 기관 중 두 개가 미국 기숙사에 투자하는 전략에 공감했던 것이다. 덕분에 나는 커다란 캡틴 아메리카(Captain America) 방패를 상품으로 받았다.

귓갓길에 행인들이 공통적으로 던진 한마디.

"Nice shield!"

[번역] "방패 멋지네요!"
이 또한 콜드콜이 양질전화한 결과물이다.

4
특별한 인연

    도쿄, 상하이, 타이베이를 거쳐 서울로 돌아왔다. 택시 안에서 휴대폰을 보다 며칠 전 아버지께서 남기신 문자를 다시 열었다. 새벽에 어머니께서 외할미니를 모시고 응급실로 가셨다는 내용이었다. 나는 거래처 김 본부장과 저녁 약속을 취소하고, 병원 방면으로 차를 돌렸다. 뉴욕으로 돌아가기 전날이라 그런지 갑자기 어머니가 보고 싶어졌다.

    어머니께서는 외할머니를 오랫동안 정성껏 병시중해 오셨다. 입원실이 바로 나지 않아 응급실에 누워 계신 외할머니 옆에서 쪽잠을 주무신 적이 하루 이틀이 아니었다. 형제가 많지만 아무도 도우려 하지 않았다. 나는 외할머니의 건강보다 어머니의 건강이 더 걱정스러웠다.

외할머니께서 내 얼굴을 알아보셨다.

"계준이냐... 아가... 바쁜데 뭐하러 왔냐... 밥은 묵었냐."

외할머니의 손은 힘이 없고 가늘었다.

나는 어머니를 억지로 끌고 밖으로 나왔다. 그렇게 하지 않으면 어머니께서 저녁을 챙겨 드실 리가 없다. 밤바람이 제법 찼다. 따뜻한 전주식 콩나물국밥이 맛있다는 생각이 처음으로 들었다.

다음 날 아침. 나는 아버지와 응급실로 달려갔다. 이모들도 하나둘 모였다. 외할머니께서 숨을 거두시는 순간, 나는 해 드릴 수 있는 것이 없었다. 어머니의 눈에서는 눈물이 하염없이 흘러내렸다. 외할머니의 손을 부여잡고 볼을 감싸며 부르고 또 불러도 외할머니께서는 돌아오시지 못하셨다.

외삼촌 내외는 무슨 죄를 지었는지 발인이 끝나도록 코빼기도 내밀지 않았다. 부모와 자식 간의 인연이 특별하지 않은 인간도 존재하긴 하나 보다.

2015년 7월 4일 토요일 저녁. 온몸에서 땀이 비 오듯 쏟아져 내렸다.

"Is it raining?"

[번역] "밖에 비 와요?"

도어맨(doorman)이 농담을 던졌다.

"It's too hot. I swam in the Hudson River!"

[번역] "너무 더워서 허드슨강에서 수영했어요!"

내가 장난스러운 표정을 지으며 대답하자 도어맨이 입을 크게 벌리며 엄지손가락을 세워 보였다. 사실 조지 워싱턴교(George Washington Bridge)에서 허드슨강 변을 따라 한 시간 동안 달려왔다. 장거리 달리기를 마쳤을 때 느껴지는 성취감이 가슴을 꽉 채웠다. 심장이 여전히 빠른 속도로 뛰었고, 온몸이 열기로 달구어져 있었다. 아파트 로비의 시원한 에어컨 바람이 평소보다 더욱 산뜻하고 쾌적했다.

엘리베이터에 올라 21층 단추를 눌렀다. 집에 들어서자마자 창가로 다가갔다. 멀리 보이는 엠파이어 스테이트 빌딩(Empire State Building) 뒤로 휘황찬란한 불꽃들이 쏘아 올려지고 있었다. 7월 4일 독립 기념일(Independence Day)의 대미는 역시 불꽃놀이다!

3개월 후. 2015년 가을. 헤드헌터(headhunter)로부터 이메일이 한 통 왔다.

I work for the executive search firm Fxx and am covering global financial industry.

[번역] 저는 헤드헌팅 회사 퍼○○에서 세계 금융 업계를 담당하고 있습니다.

I was very much hoping to speak to you, first and foremost, to make the introduction, and also to ask your advice on a mandate we are currently handling on behalf of one of our clients. Is there a good time for us to have a call over the next couple of days this week?

번역 우선 제 소개도 드릴 겸 선생님과 꼭 한번 통화하고 싶었습니다. 그리고 저희가 현재 진행 중인 채용 건에 대해 조언을 구하고자 합니다. 이번 주에 시간 내 주실 수 있으신지요?

헤드헌터의 용건은 따로 있었다. 그의 권유로 나는 T 사의 고위 임원들을 만나 보기로 했다. T 사는 클라리온의 경쟁사였다.

며칠 후 첫 번째 미팅이 잡혔다. 상대는 크리스틴 존슨(Christine Johnson)이었다. 나는 그 이름을 기억했다.

5년 전 홉킨스(Hopkins) 교수를 통해 푸OOO의 CEO 제임스 패터슨(James Patterson)과 한국의 투자 자금에 대해 대화를 나눴고, 제임스를 통해 크리스틴과 통화를 시도한 적이 있었다. 당시 나는 학생이었고, 크리스틴은 푸OOO 아시아 사업 부문의 대표였다. 푸OOO은 미국 대형 보험사가 소유한 부동산 투자 회사였다. 한국에서도 잘 알려진 브랜드를 갖고 있었기에 한국 투자 기관이 해외 부동산 투자를 위한 자문사로서 선호할 만했다. 따라서 나는 푸OOO에 취업하면 좋을 것 같았다. 그러나 크리스틴은 나에게 좀처럼 눈길을 주지 않았다. 내가 세 번째 메일을 보내자 그제야 짧은 답징을 보내왔다.

We have decided to hire Mr. Kwon for our business in Korea. I will forward your CV to Mr. Kwon.

번역 우리는 한국 관련 사업을 위해 권OO 씨를 채용하기로 했습니다. 권OO 씨에게 이력서를 전달하겠습니다.

    그때는 타이밍이 살짝 빗나간 것이었는지도 모른다. 좌우간 그것이 마지막인 줄 알았다. 이 모든 것을 크리스틴은 전혀 기억하지 못하는 게 확실했다. 나도 모르는 척 행동했다.

    약 1년 전에 T 사로 직장을 옮긴 크리스틴은 조직을 새로 구성하고 있었다. 무엇보다 아시아 사업을 책임질 파트너(partner)가 필요하다며, 이제 나의 관심을 끌려는 것으로 보였다. 얼마 후 크리스틴은 T 사의 회장과 나의 면담을 주선했다. 또 얼마 후 나를 맨해튼 미드타운(midtown)에 있는 카페로 불러냈다. 그러고는 자신의 이력과 T 사에서 추진 중인 사업 등에 대해 퍽 구체적으로 이야기했다. 우리는 세 시간이 지나서야 자리에서 일어났다. 크리스틴은 파리(Paris) 출장이 있다며 서둘러 공항으로 향했다. 그렇게 나와 크리스틴은 함께 일하게 될 뻔했다. 나의 콜드콜이 양질전화하여 특별한 인연을 가져다준 게 아닌가 생각했다.

    몇 주 후. T 사는 구조 조정의 일환으로 급작스럽게 최고 경영진을 교체했다. 고위 임원들이 일제히 퇴진하였고, 크리스틴도 회장도 그 명단에 이름이 올라 있었다.

    결과적으로 나는 클라리온에 남게 되었다. 그리고 곧 클라리온의 파트너이자 아시아 사업 부문 대표(Managing Director, Head of Asia)로 승진했다.

1년 후.

2017년 3월. 대만 동○○ 생명 보험이 무려 4억 불을 미국 부동산에 투자하기로 결정하고 클라리온을 자문사로 선정했다. 대만 기관이 미국 부동산에 대규모 투자를 단행한 것은 극히 이례적이었다. 동료들의 반응도 경탄 그 자체였다. 축하 이메일이 끊이지 않았다.

Congrats, KJ. That's great news.
- Alfred

번역 축하합니다, 케이제이. 대단한 소식이네요.
- 알프레드

OMG!!! That is outrageous! Congratulations on another great achievement!
- Amy

번역 세상에!!! 말도 안 돼! 축하해요. 또 한 건 해내셨군요!
- 에이미

KJ, please confirm $400m. (Not $40m?)
- Justin

번역 케이제이, 4억 불 맞는지 확인해 주세요. (4천만 불인데 실수로 영을 하나 더 붙인 거 아니신지?)
- 저스틴

We don't pay you enough with results like this!

- Peter

[번역] 연봉 올려 달라고 해요!

- 피터

That is wonderful news! Congratulations.

- Julia

[번역] 멋진 소식이네요! 축하해요.

- 줄리아

I am very proud of you. You handled this in an exceptional manner.

- Jeremy

[번역] 정말 자랑스럽습니다. 이번 딜 아주 훌륭히 처리했어요.

- 제러미

관련 법의 개정으로 대만 보험사들이 해외 부동산에 투자할 수 있게 되었다는 소식을 처음 접한 건 2013년 5월이었다. 나는 곧바로 동OO생명을 포함한 대만 보험사들에 콜드콜을 했고, 그해 겨울 타이베이로 출장을 갔다. 만난 순으로 일련번호를 매긴다면, 동OO생명은 내가 아시아에서 만난 150여개 기관 중 130번 정도에 해당했다. 그만큼 나에게 대만은 한국, 일본, 중국 등에 비해 후순위였다. 자본 시장의 규모가 비교적 작았고, 각종 규제로 인해 해외 부동산 투자는 아직 시기상조였기 때문이다. 바꿔 말하면 대만 보험사들을 자주 찾아가야 할 까닭은 없었던 것이다.

그럼에도 불구하고 나는 첫 미팅 이후 약 3년 반에 걸쳐 대만을 꾸준히 방문하여 각 보험사의 투자 성향과 목표를 낱낱이 이해했다. 그리고 담당 직원뿐만 아니라 최고 경영진과도 신뢰를 구축해 나갔다. 씨앗를 뿌리면 언젠가 반드시 열매가 맺힌다는 믿음이 있었다. 그래도 이렇게 커다란 열매를 수확하게 될 줄은 예상치 못했다. 나의 콜드콜이 양질전화하여 특별한 인연을 가져다준 것이다.

콜드콜이 우리 인생을 조금씩 변화시키는
습관으로 자리매김되길 바란다.

콜드콜은 행운의 문을 여는 열쇠이다.